Inhaltsverzeichnis

Links – rechts

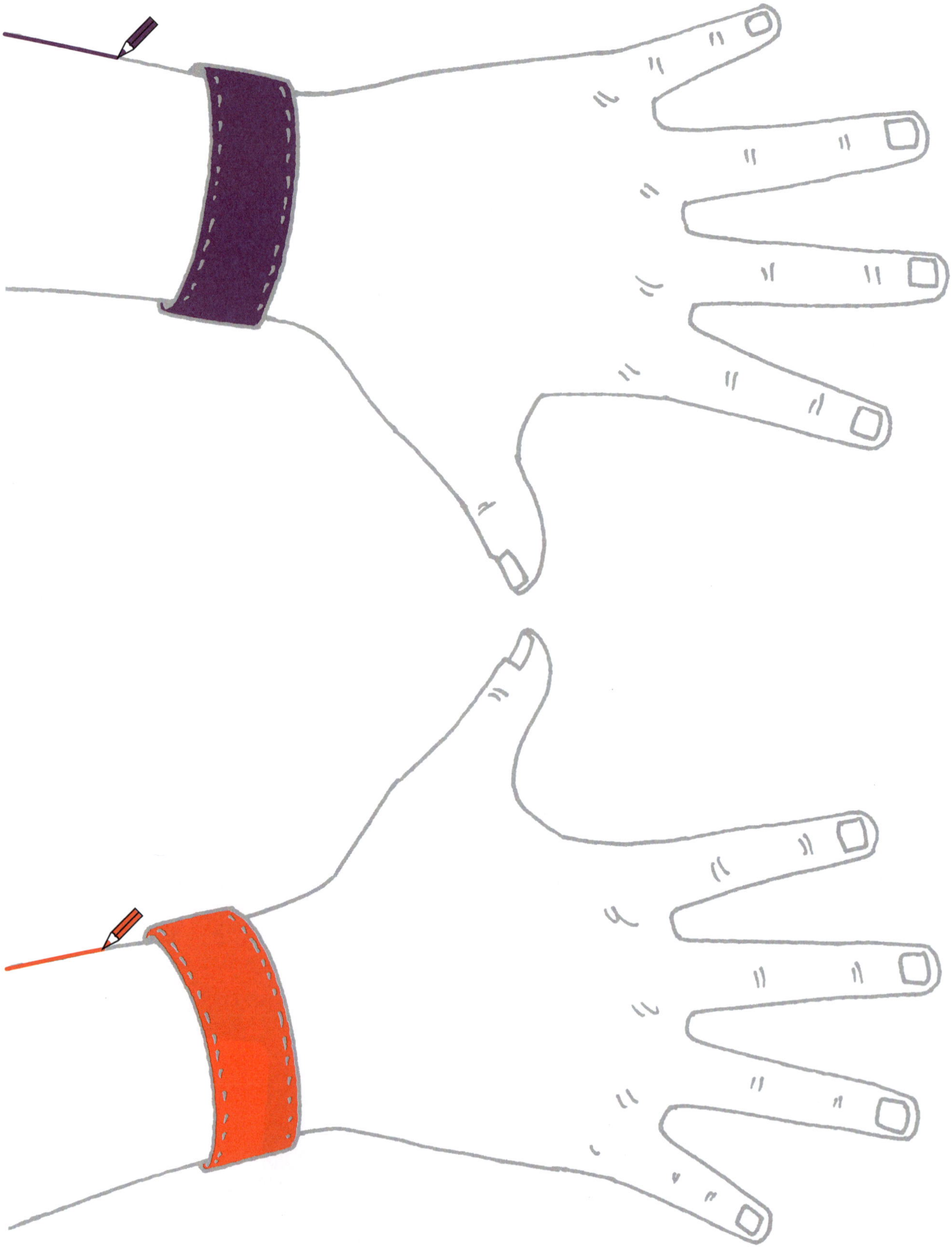

die Hände nachspuren, die Schreibhand farbig gestalten

1

2

So gut kann ich die Aufgaben: ✓ ?

links und rechts erfassen, farbige Kreuze setzen und die Mützen in der jeweiligen Farbe ausmalen; Bewegungen nachahmen

1

2

Richtungen links und rechts durch dargestellte Bewegung erfassen, farbige Kreuze setzen

So gut kann ich die Aufgaben: ✓ ?

So gut kann ich die Aufgaben: ✓ ?

Orientierung links und rechts im Raum vom Betrachter aus gesehen; im eigenen Klassenraum orientieren

Links – rechts – oben – unten

Orientierung links und rechts vom Betrachter aus gesehen, im richtigen Kästchen ankreuzen

So gut kann ich die Aufgaben: ✓ ?

So gut kann ich die Aufgaben: ✓ ?

Orientierung oben und unten vom Betrachter aus gesehen, im richtigen Kästchen ankreuzen

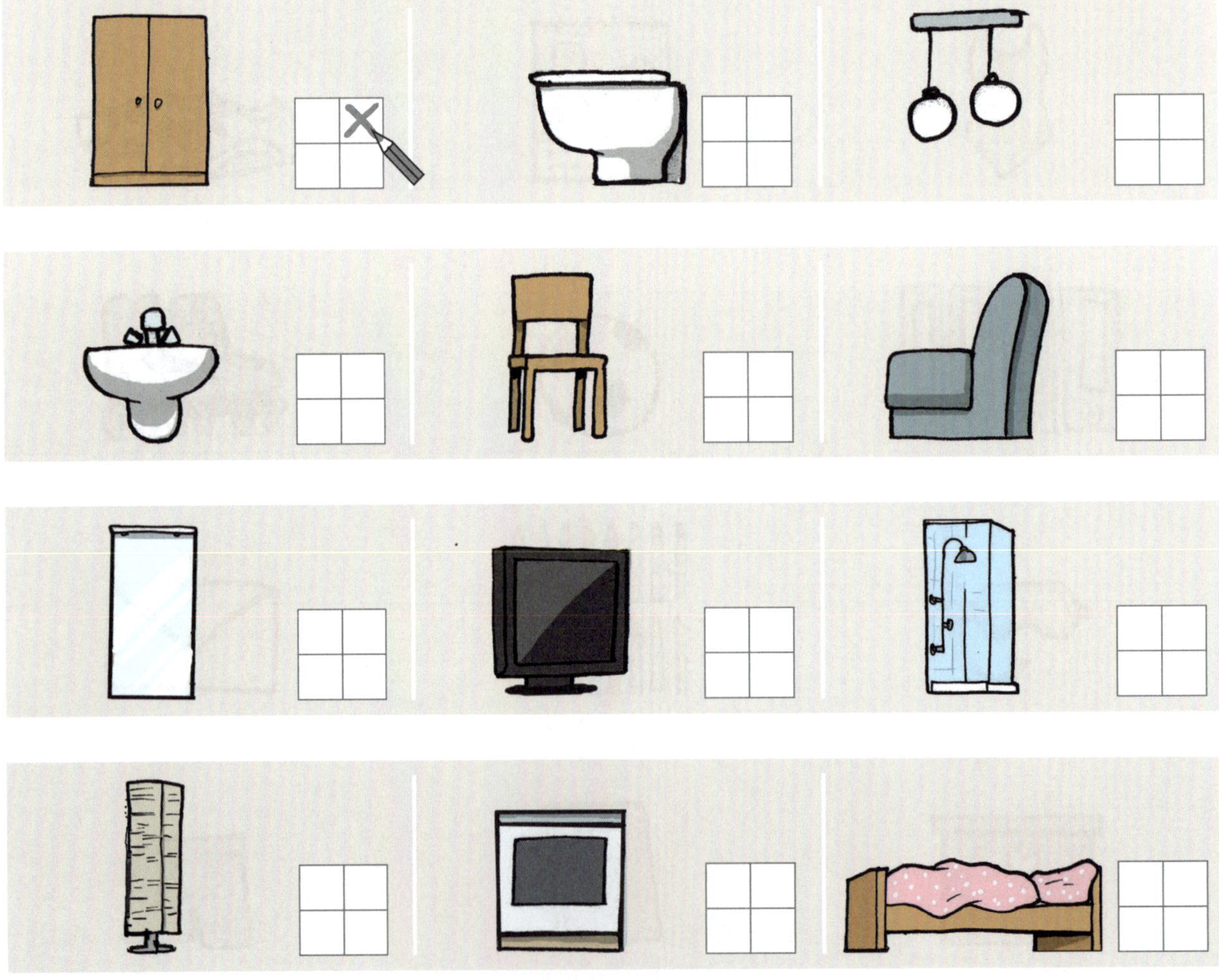

Orientierung links – rechts und oben – unten vom Betrachter aus gesehen, im richtigen Kästchen ankreuzen

So gut kann ich die Aufgaben: ✓ ?

Das kann ich jetzt

Lagebeziehungen

1

2

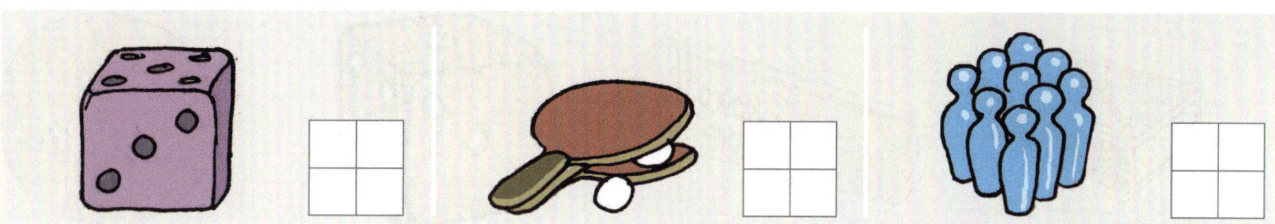

Geometrische Körper

der Würfel	der Quader	die Kugel	der Zylinder

Körperformen farblich korrekt ausmalen, Form der Gegenstände erkennen und zuordnen

1

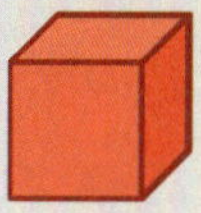

der Würfel

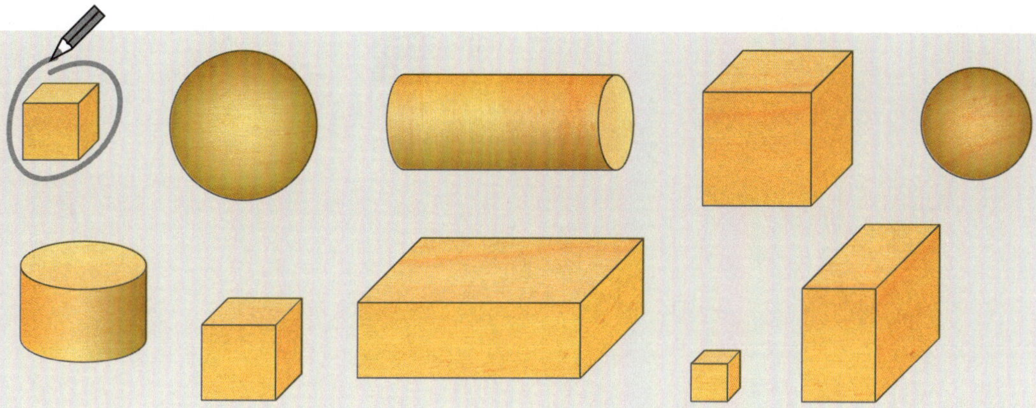

2

der Quader

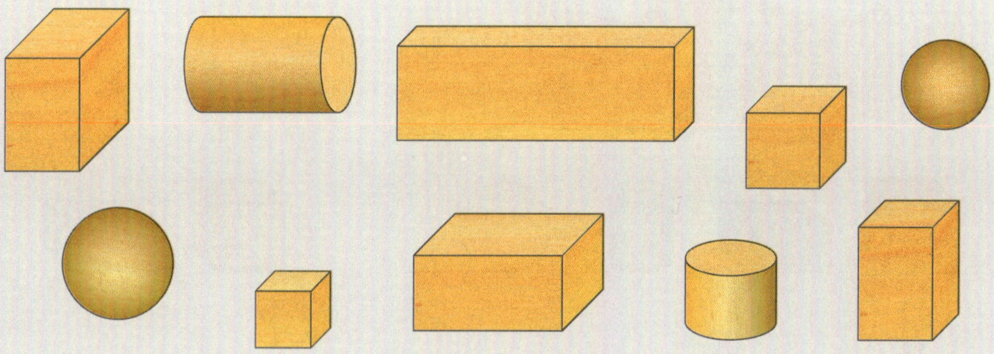

3

die Kugel

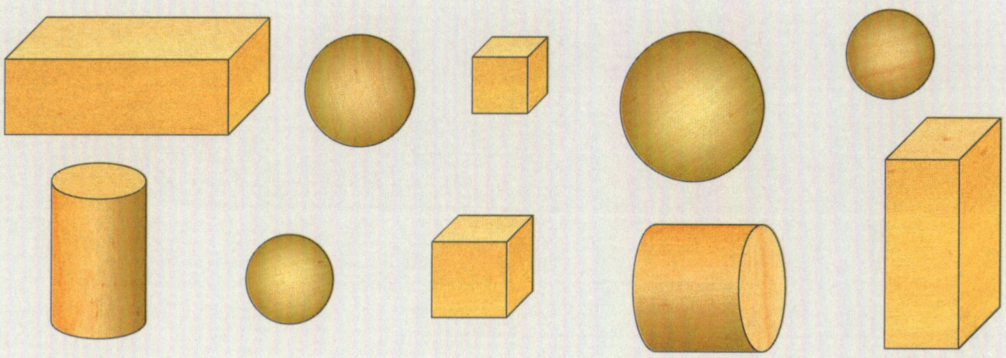

4

der Zylinder

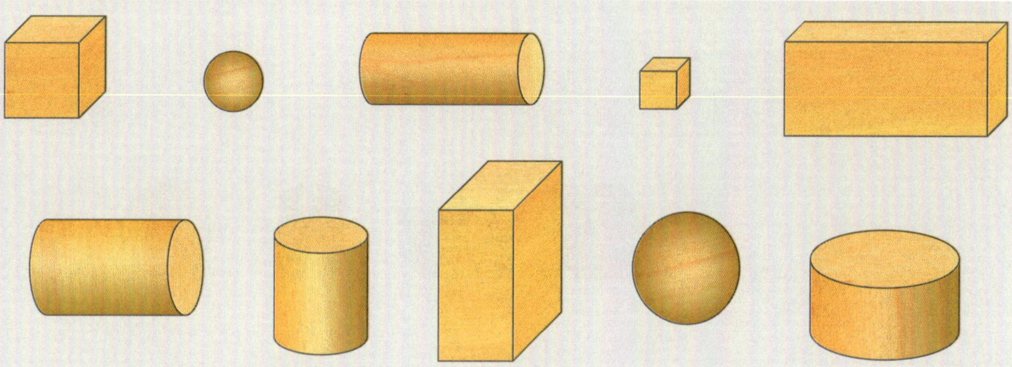

So gut kann ich die Aufgaben: ✓ ?

geometrische Körper erkennen und einkreisen

1

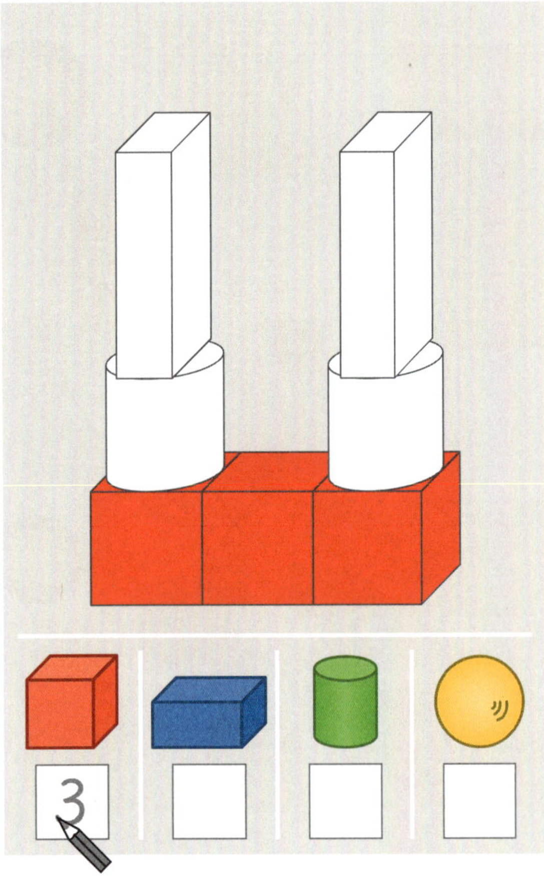

2

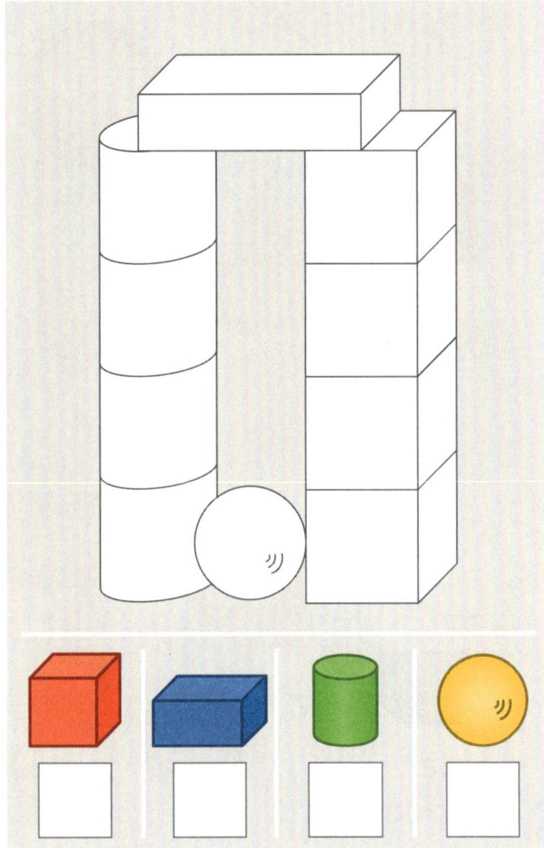

3

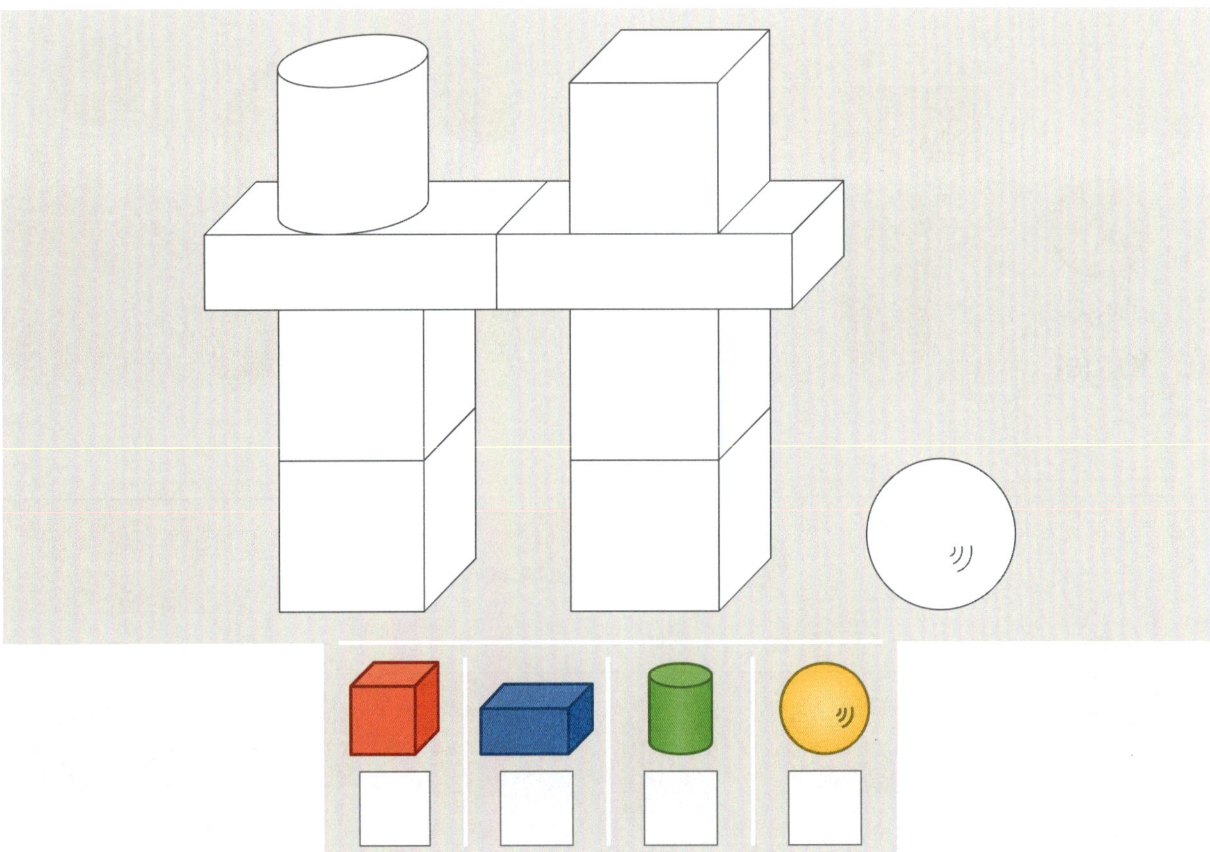

geometrische Körper erkennen, mit der jeweiligen Farbe ausmalen und zählen; Gebäude mit handelsüblichen Bausteinen nachbauen

1

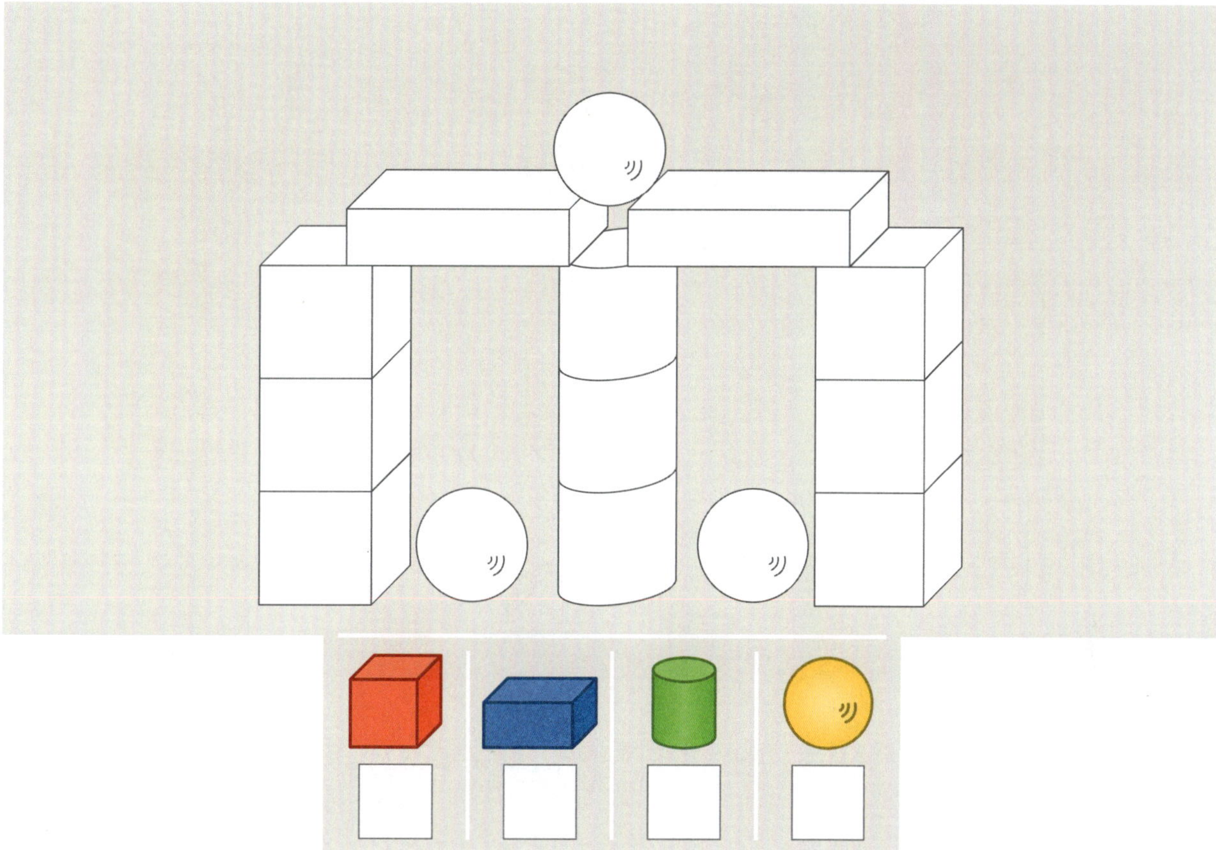

2

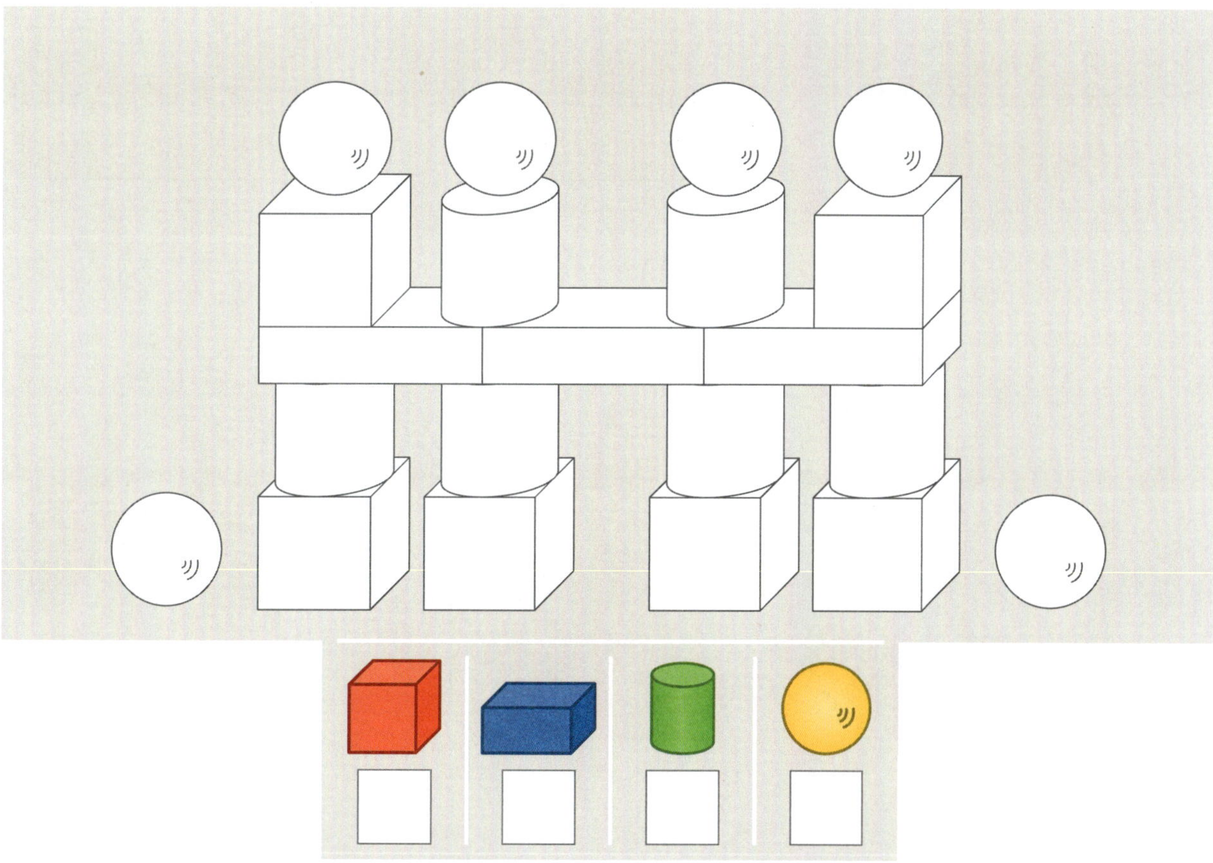

So gut kann ich die Aufgaben: ✓ ?

geometrische Körper erkennen, ausmalen und zählen; Gebäude nachbauen

Bauen mit Würfeln

1

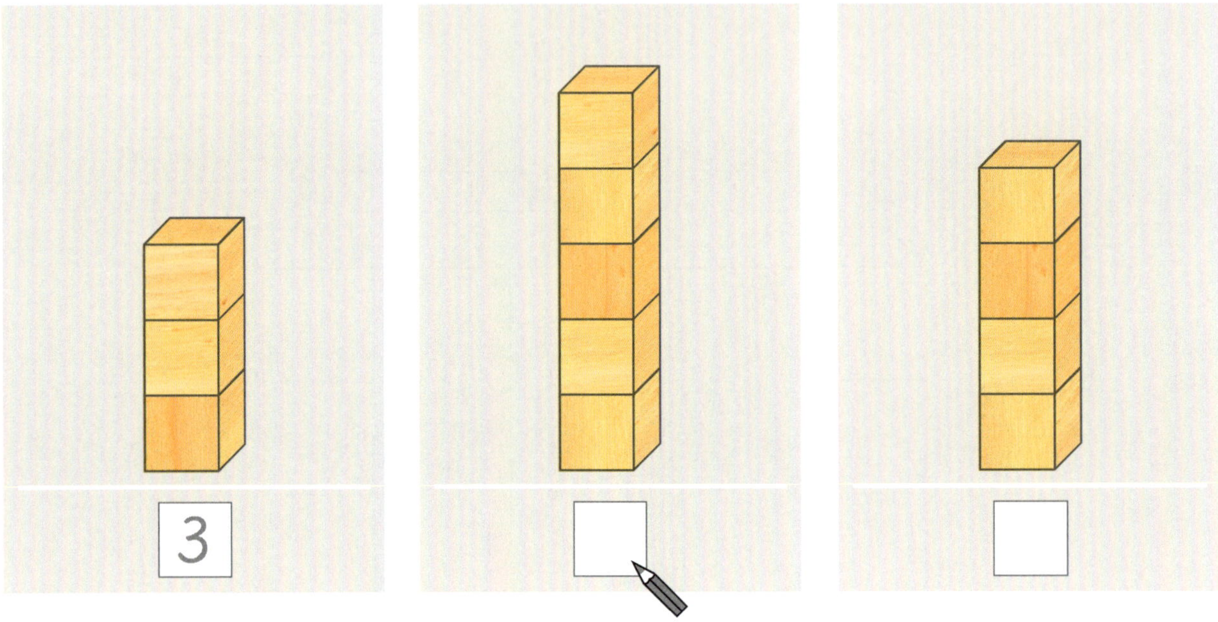

2

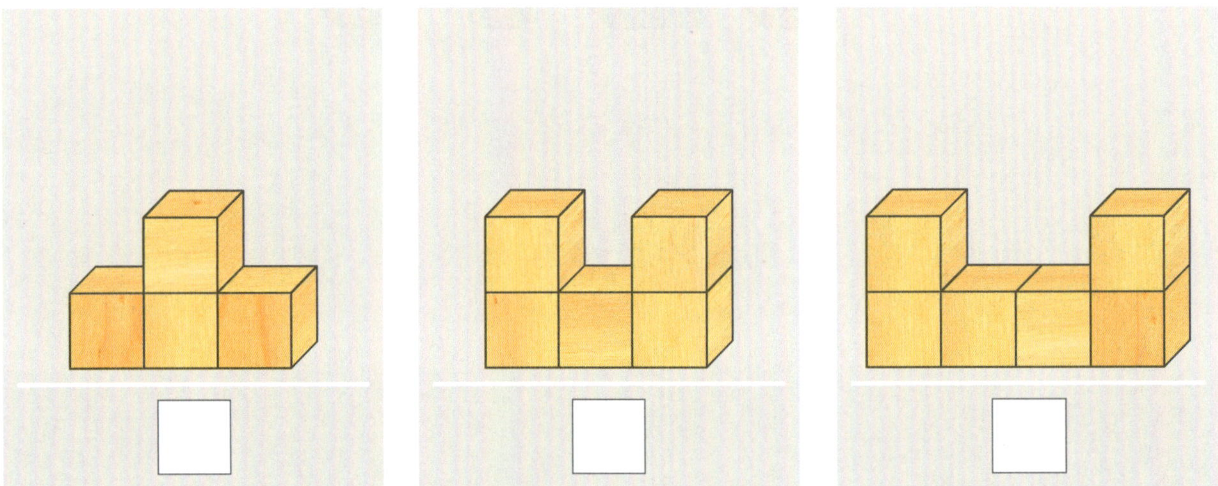

3 ★

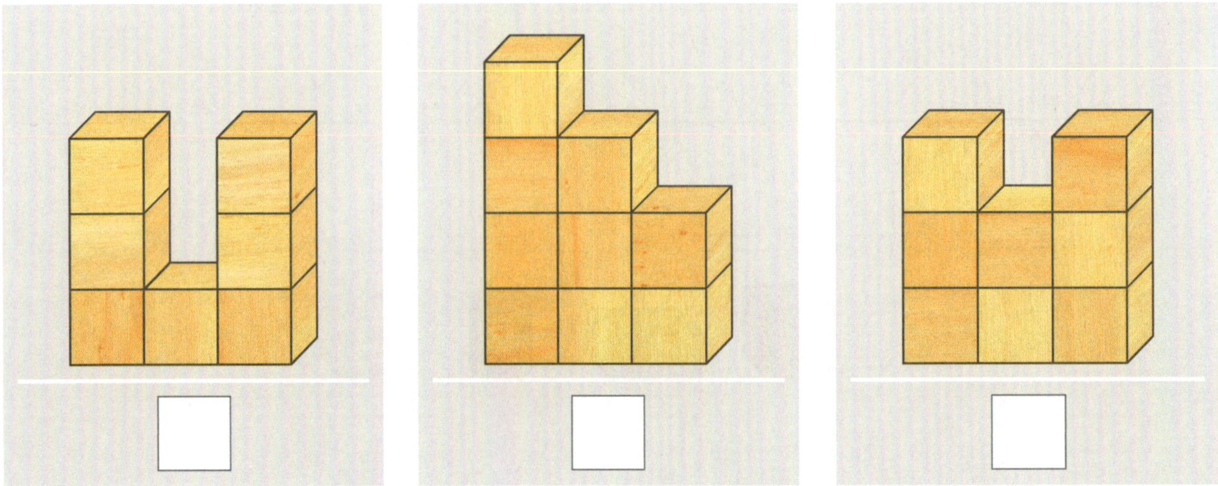

Würfel zählen und Bauwerke nachbauen

So gut kann ich die Aufgaben: ✓ ?

1

3	1	1

3	2	1

4	1	3

2

1	3	1

So gut kann ich die Aufgaben: ✓ ?

1 jedem Gebäude den passenden Bauplan zuordnen
2 Baupläne notieren, nach Plänen bauen

Eigenschaften geometrischer Körper

rollen

stehen

rollen

stehen

durch Probieren und Experimentieren Eigenschaften von Körpern ermitteln, benennen und richtig zuordnen

So gut kann ich die Aufgaben: ✓ ?

Das kann ich jetzt

Geometrische Körper

1 ✓ ?

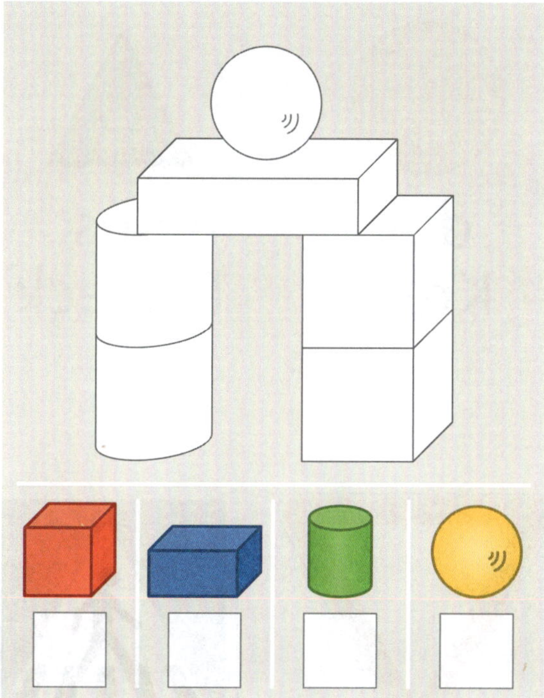

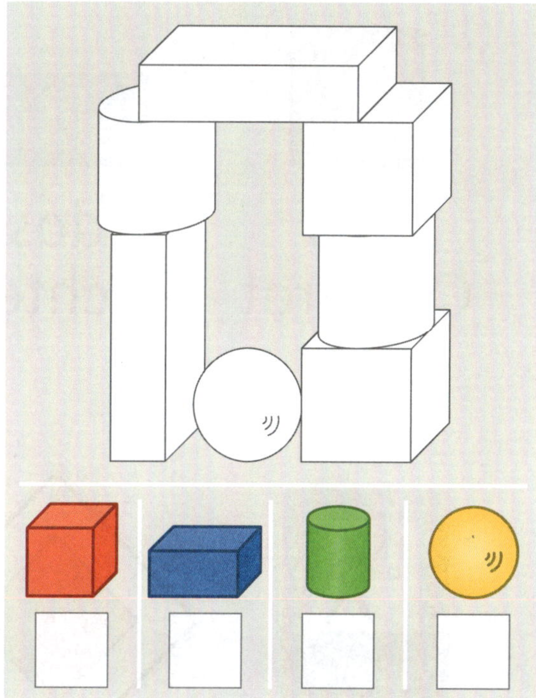

2 ✓ ?

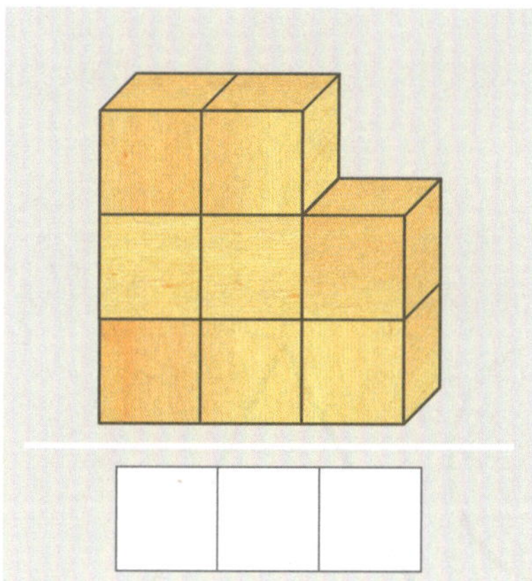

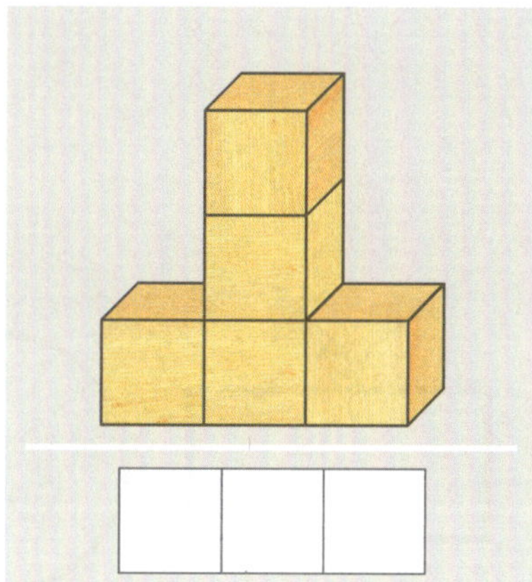

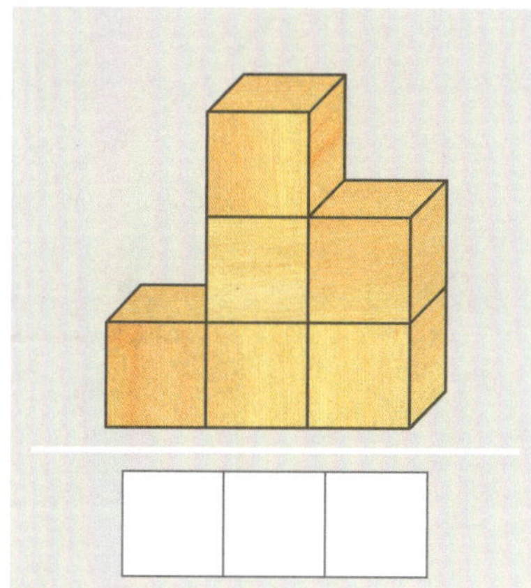

3 ✓ ?

 rollen

 stehen

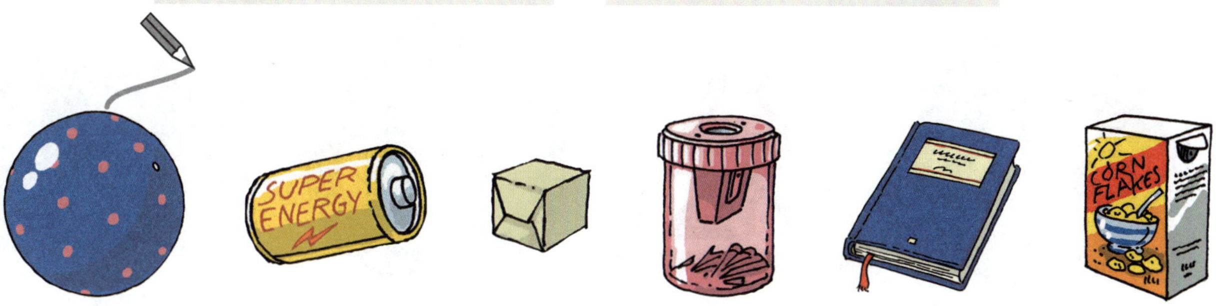

Geometrische Formen

das Quadrat	das Rechteck	der Kreis	das Dreieck

geometrische Formen erkennen, farblich korrekt ausmalen und benennen, jedes Verkehrsschild mit der passenden Form verbinden

1

das Quadrat

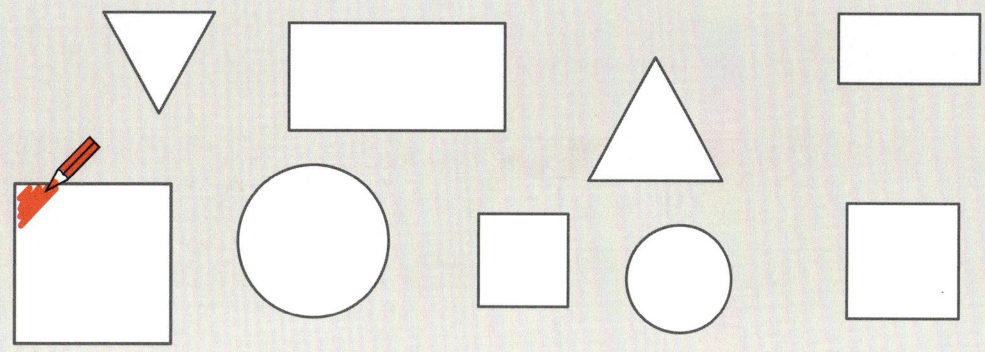

2

das Rechteck

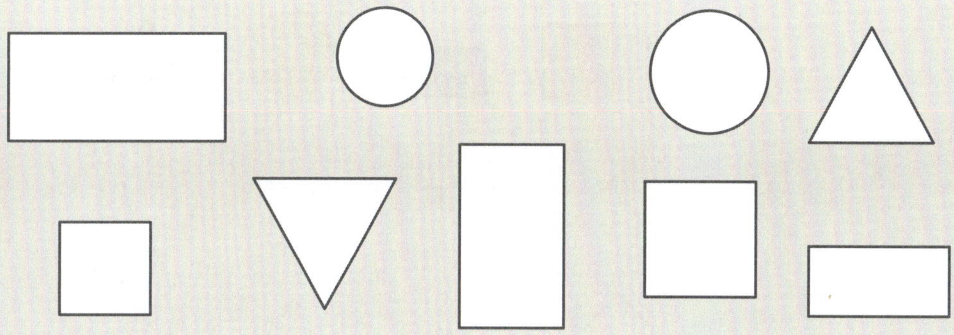

3

der Kreis

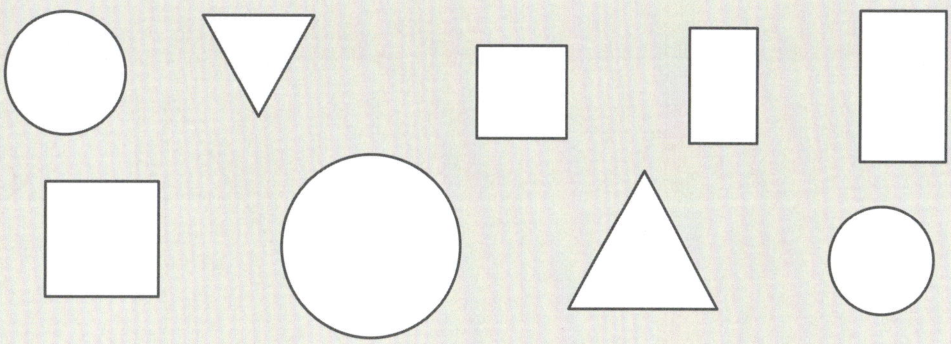

4

das Dreieck

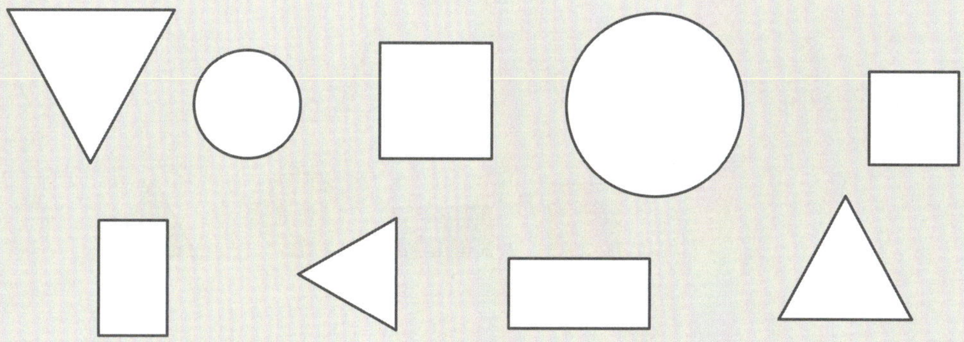

So gut kann ich die Aufgaben: ✓ ?

geometrische Formen erkennen, in jedem Feld die passenden Formen mit der jeweiligen Farbe ausmalen

1

2

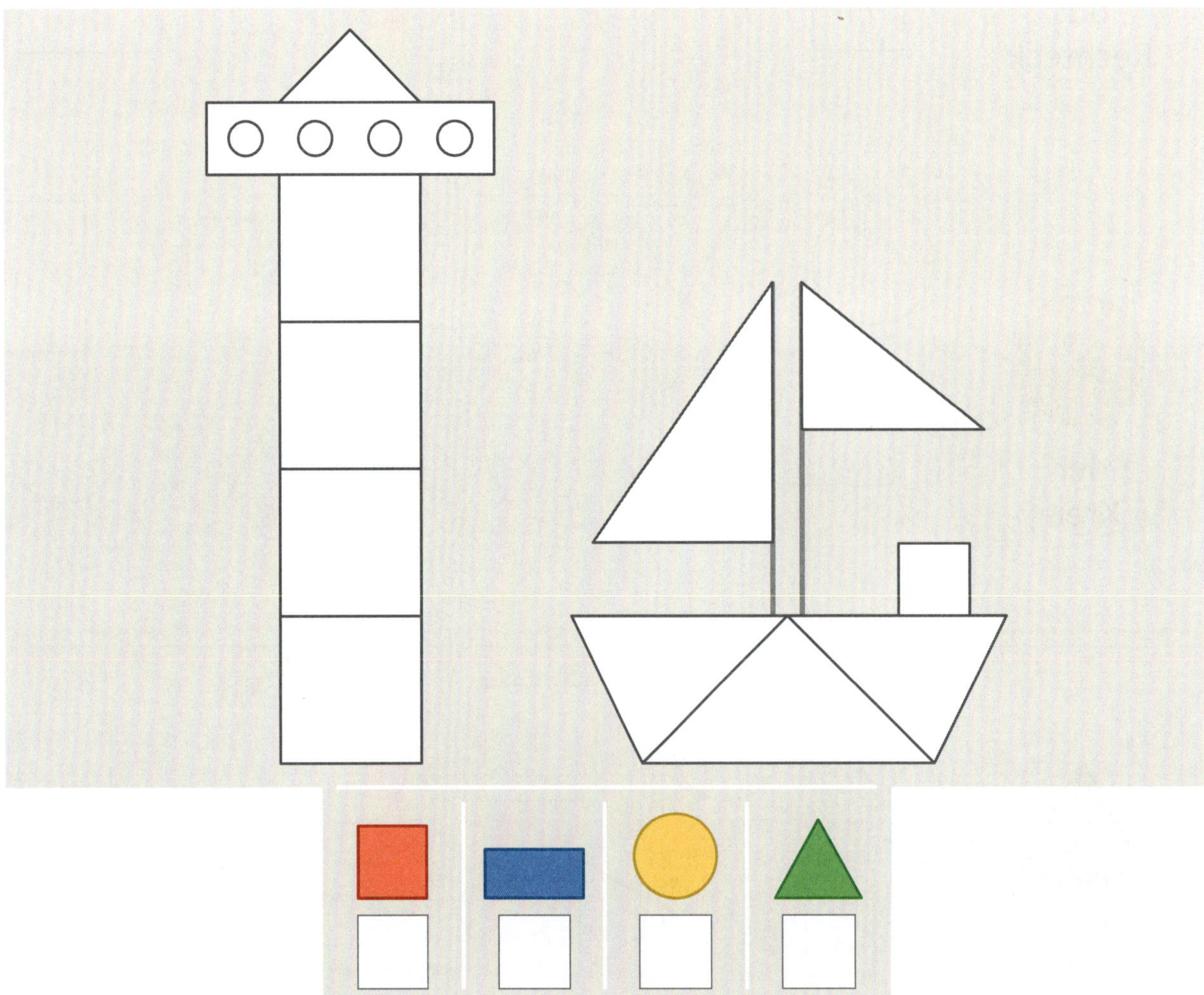

Formen erkennen, mit der jeweiligen Farbe ausmalen und zählen

1 ★

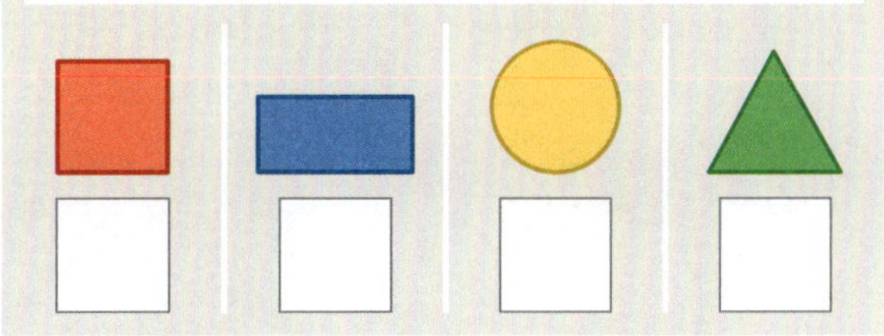

2 ★

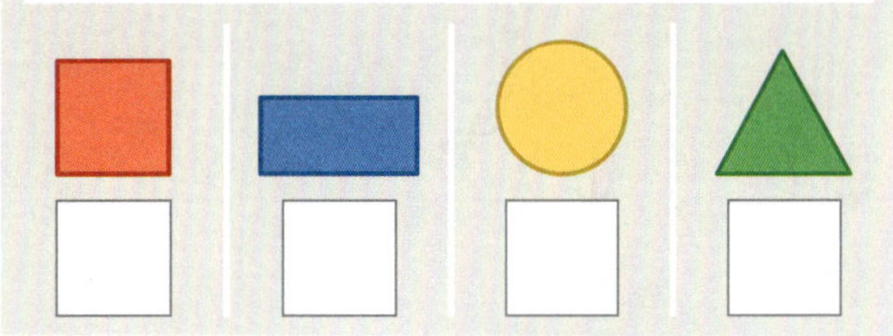

So gut kann ich die Aufgaben: ✓ ?

Formen erkennen, mit der jeweiligen Farbe ausmalen und zählen

Falten und schneiden

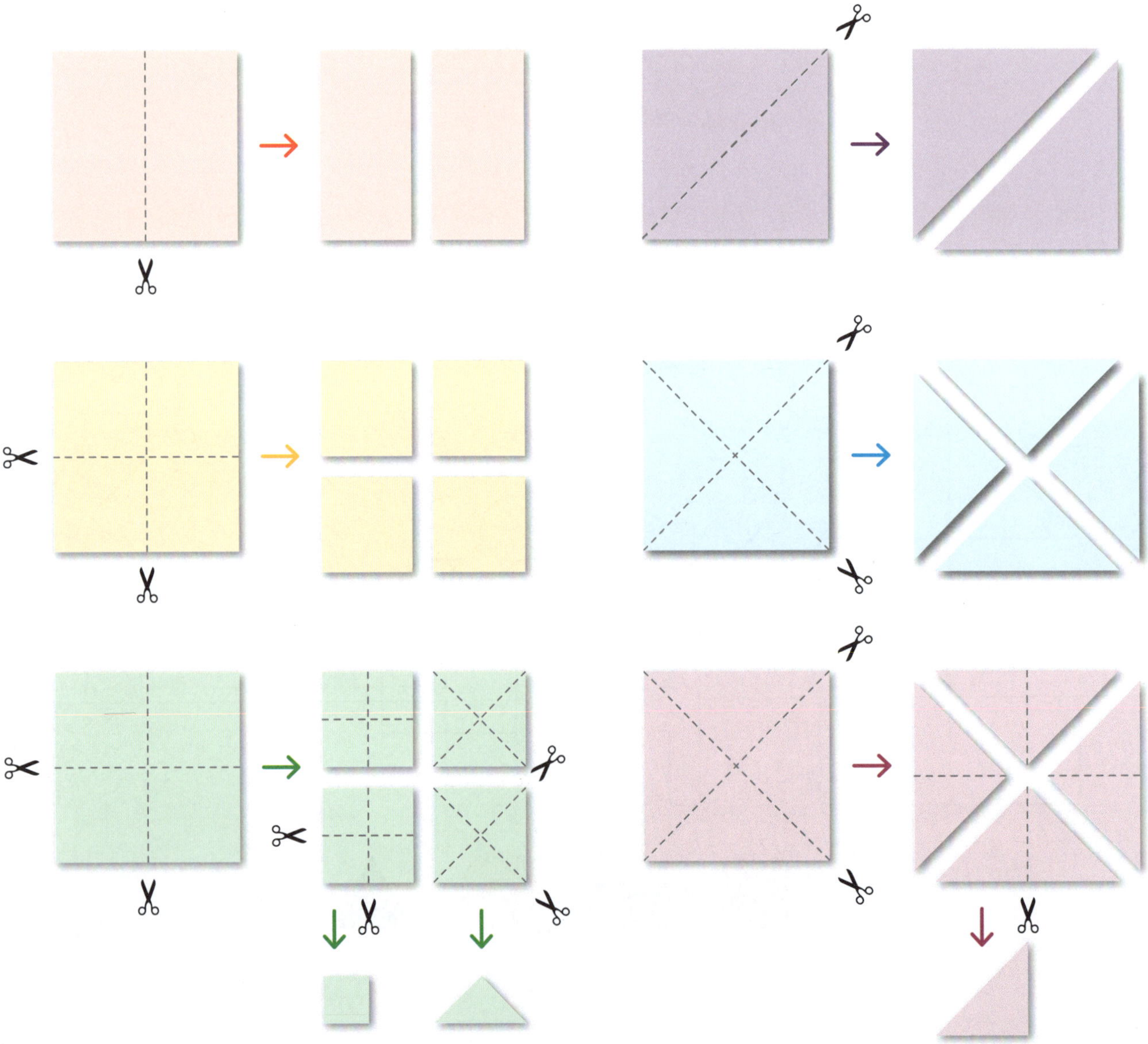

aus bunten Quadraten von Notizblöcken der Größe 9 cm × 9 cm
neue Formen falten und schneiden

So gut kann ich die Aufgaben: ✓ ?

Legen und kleben

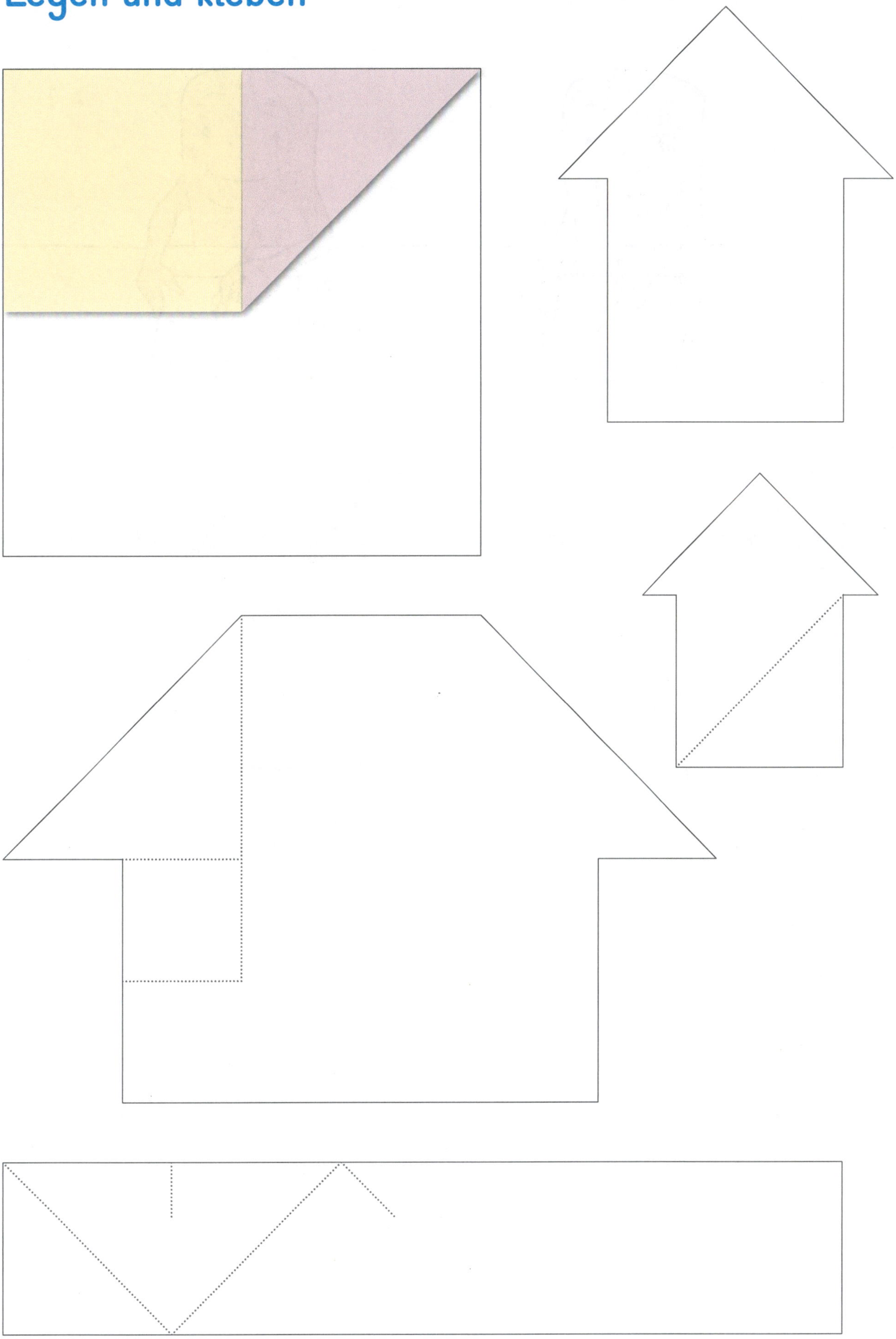

So gut kann ich die Aufgaben: ✓ ?

bunte Formen von Seite 22 zum Auslegen und Kleben verwenden

Figuren am Geobrett

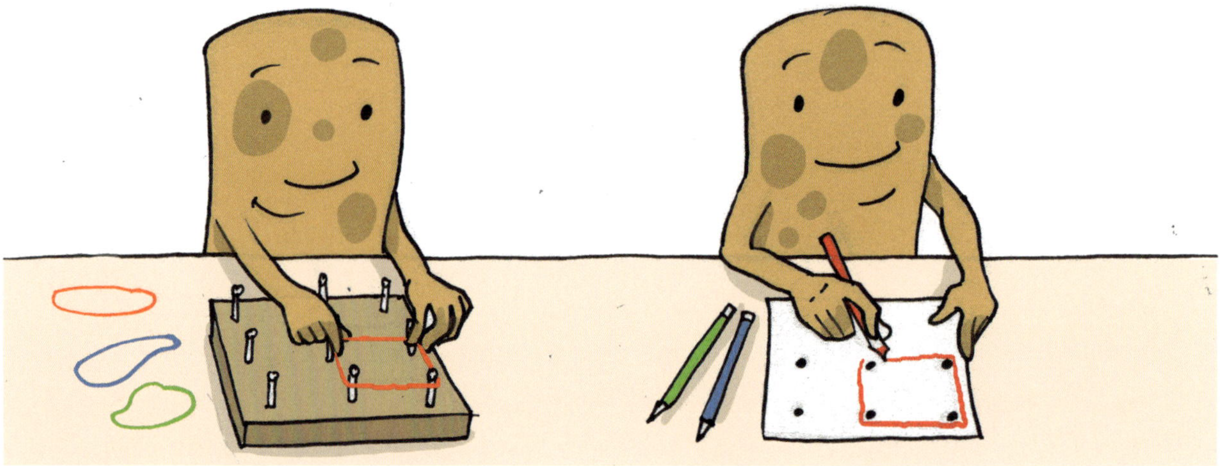

1
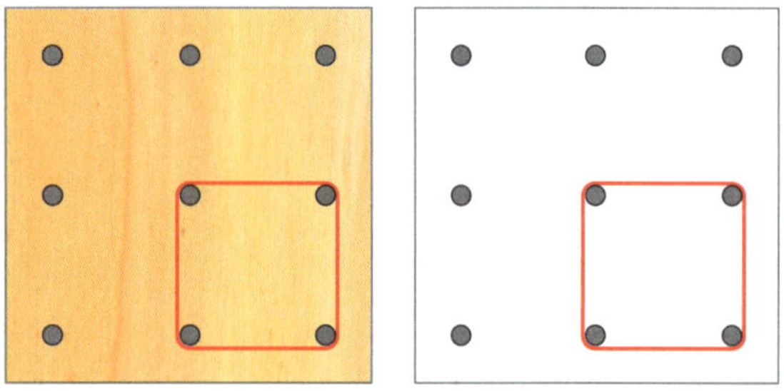

2
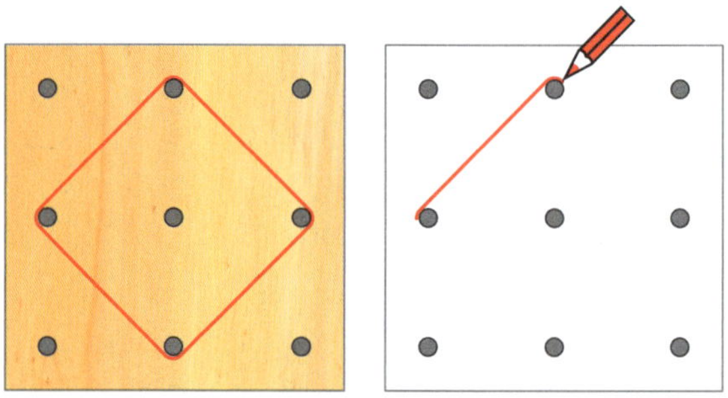

3
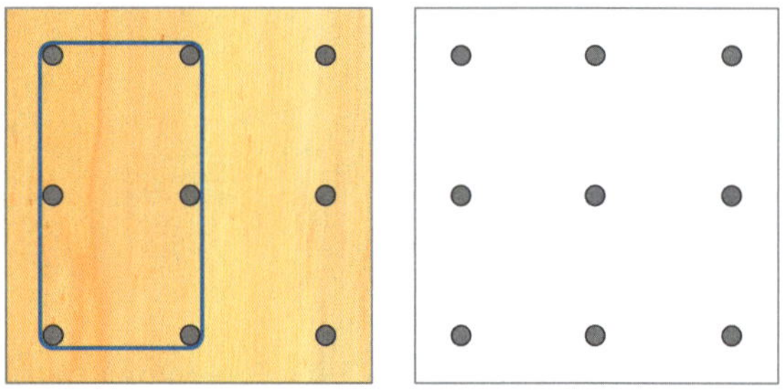

4
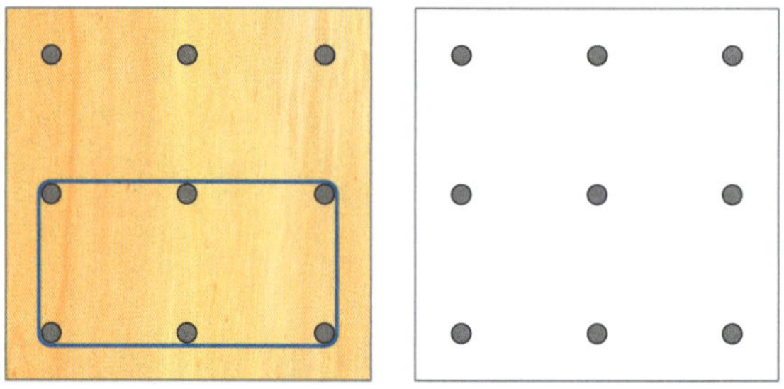

5
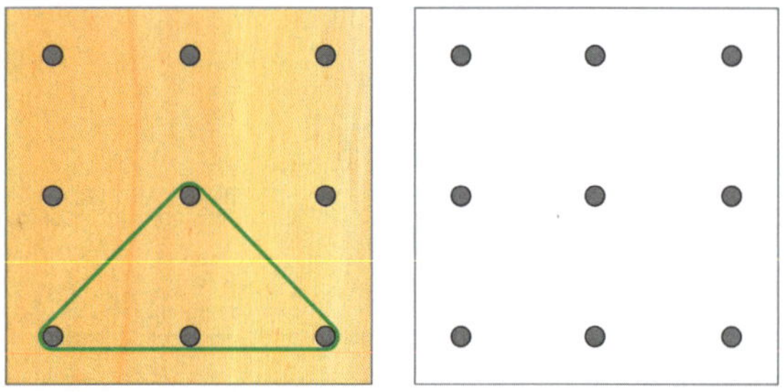

6
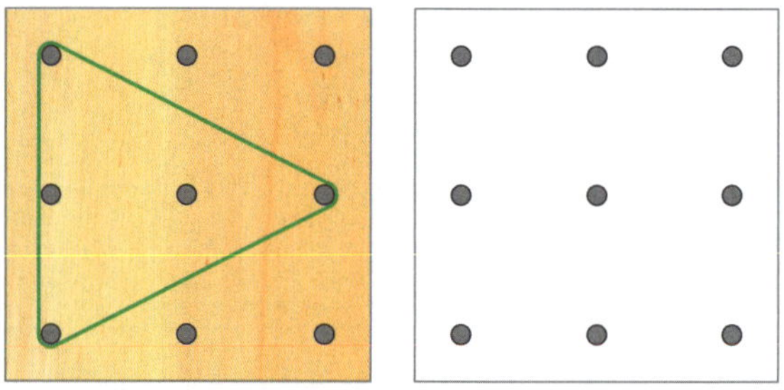

7
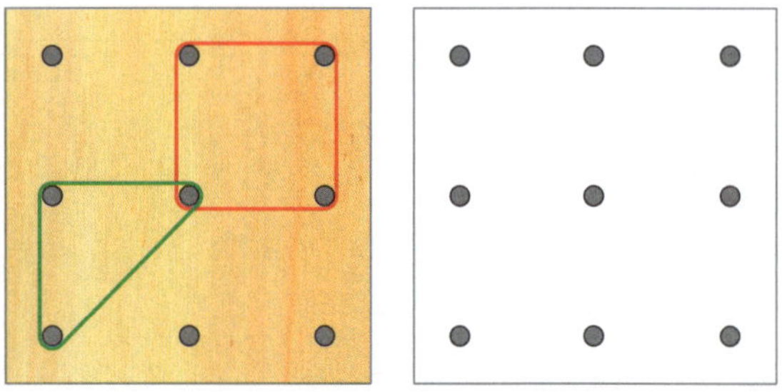

8
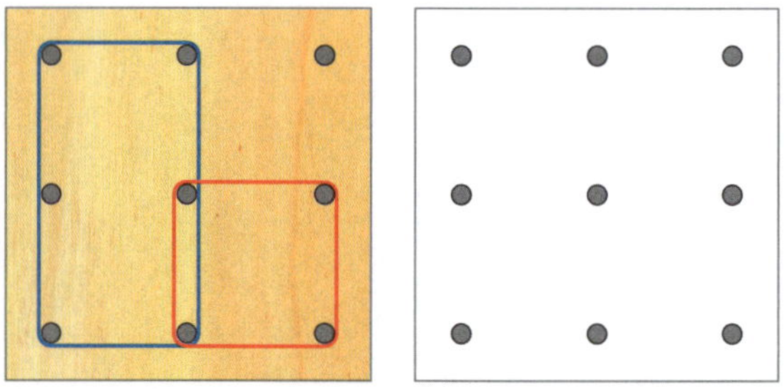

Formen am Geobrett 3 × 3 nachspannen und zeichnen

1

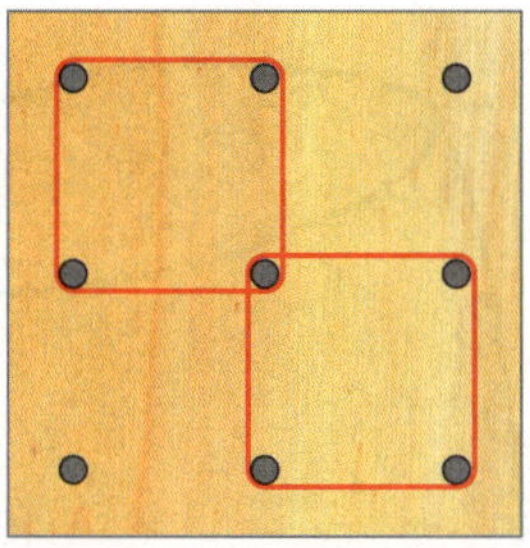
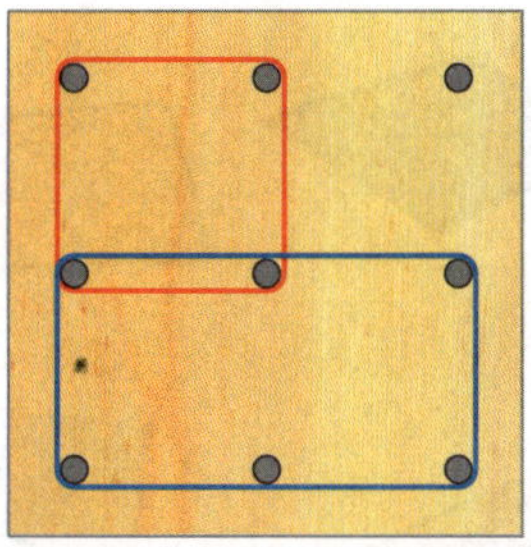
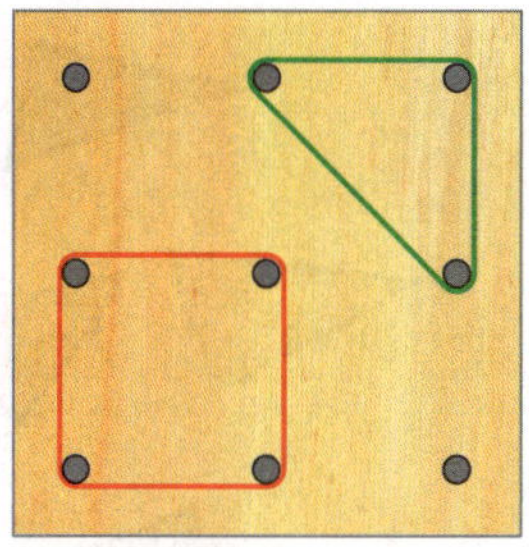

□	▭	△	□	▭	△	□	▭	△
2	0	0						

2

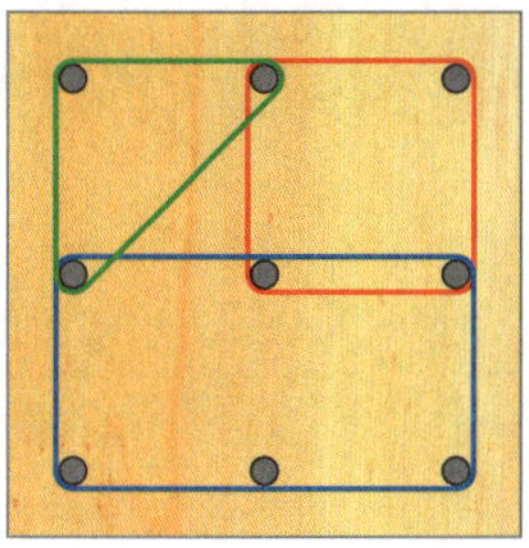
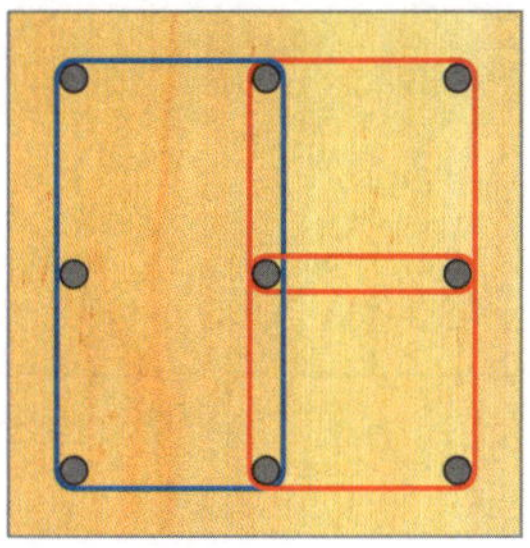
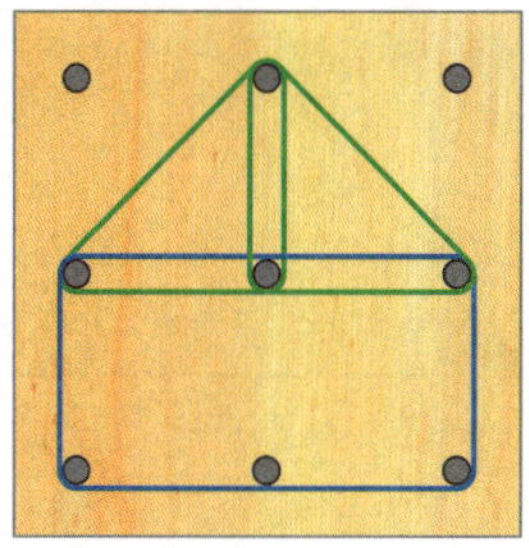

□	▭	△	□	▭	△	□	▭	△

3

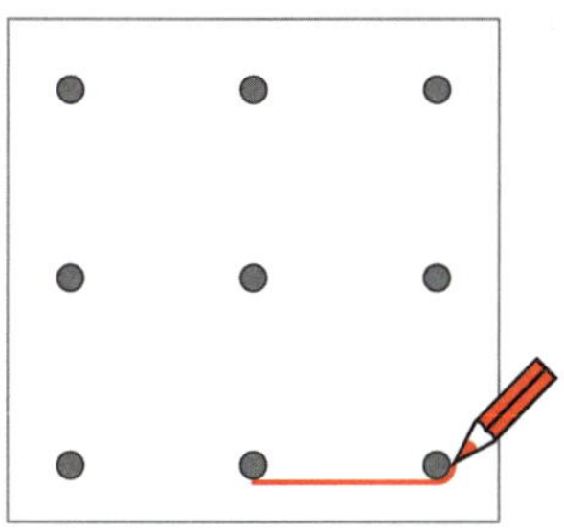
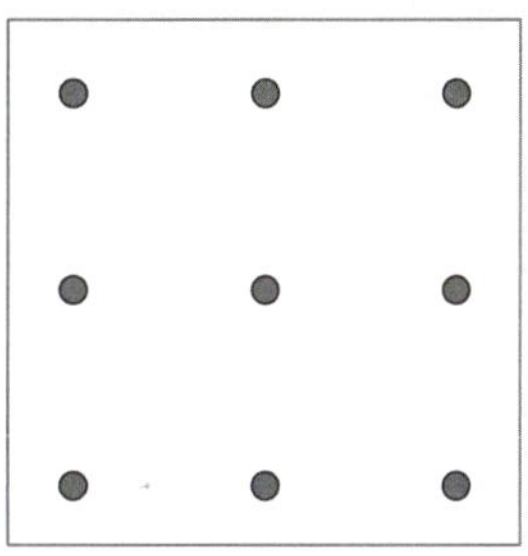
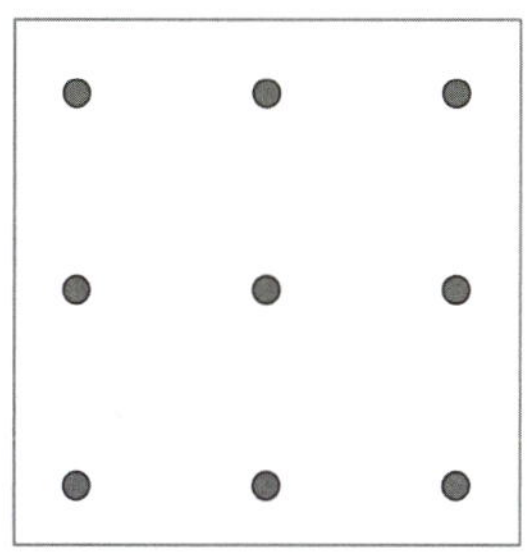

□	▭	△	□	▭	△	□	▭	△
1	1	0	0	1	2	1	1	1

So gut kann ich die Aufgaben: ✓ ?

1, 2 Formen am Geobrett nachspannen und zählen
3 Formen am Geobrett nach Vorgabe spannen und zeichnen

Kombinieren

1

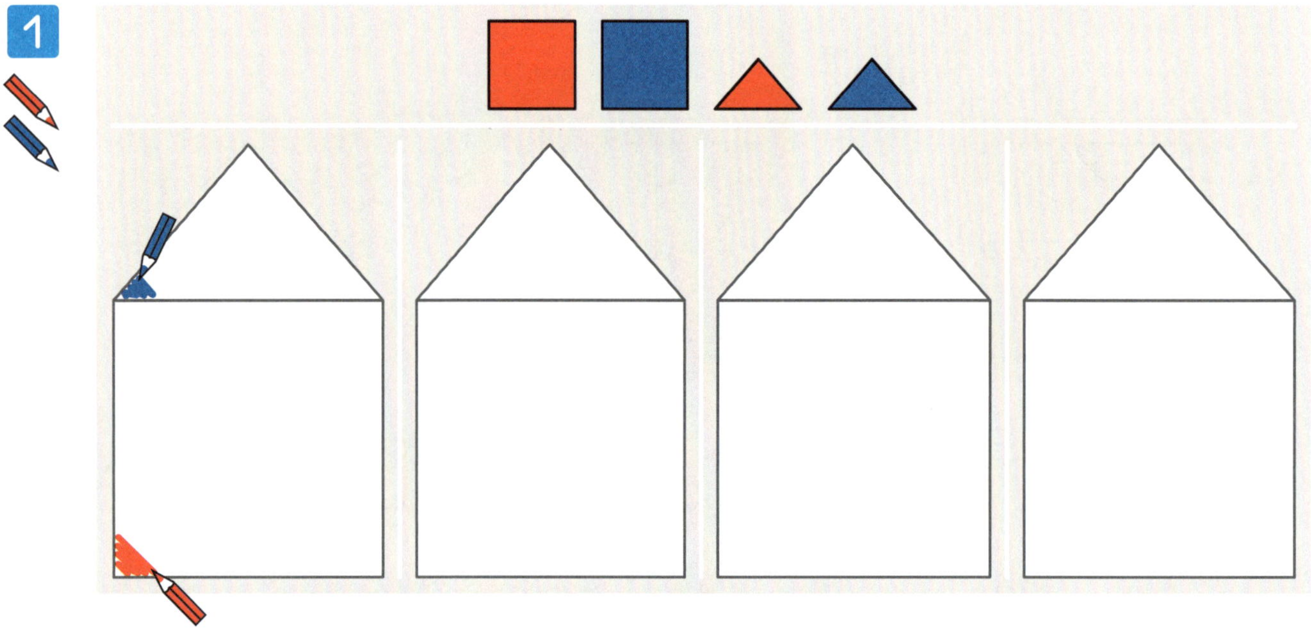

2

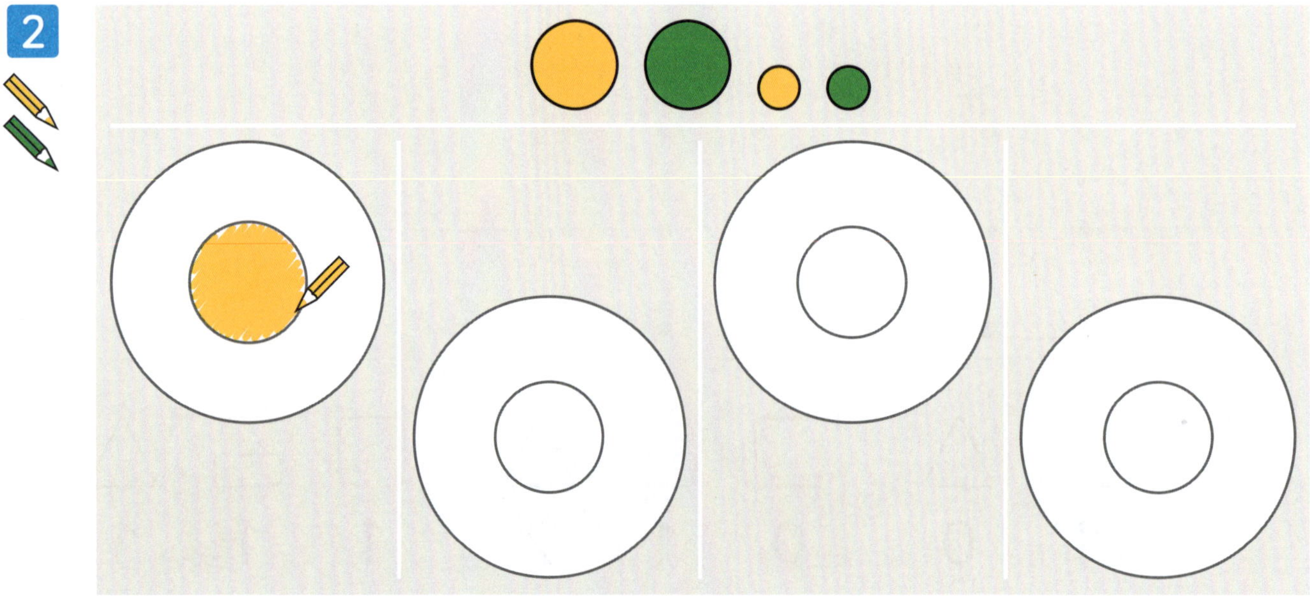

mit vorgegebenen Farben in verschiedenen Varianten zeichnen, alle Möglichkeiten finden, zuvor mit geeignetem Material legen

1

2

So gut kann ich die Aufgaben: ✓ ?

Kleidung mit vorgegebenen Farben ausmalen, alle möglichen Kombinationen finden

Muster

1

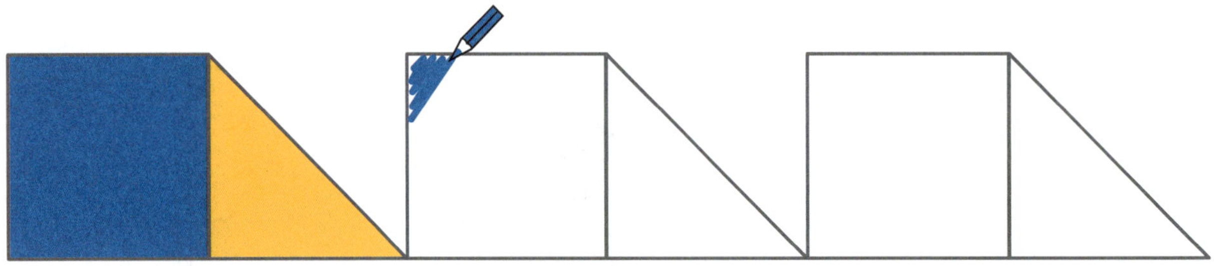

2

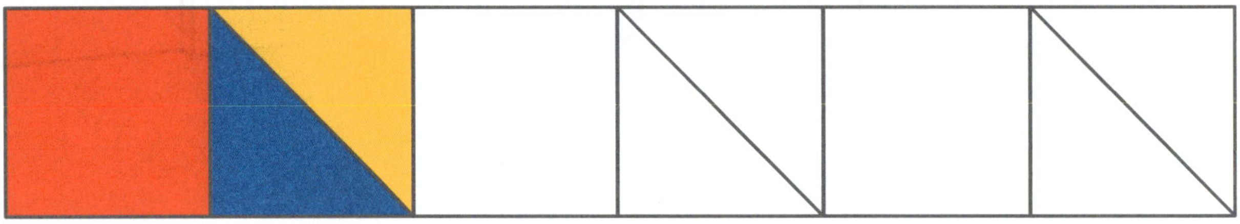

3

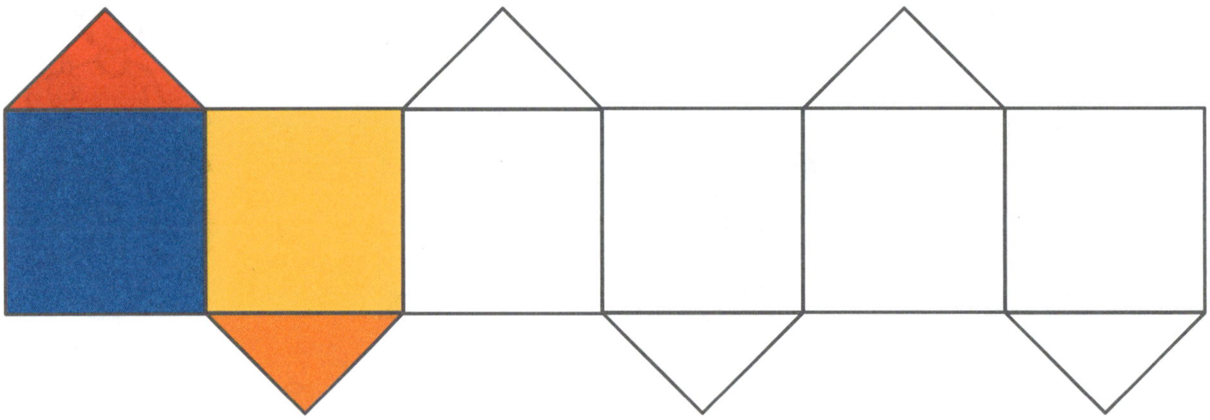

4

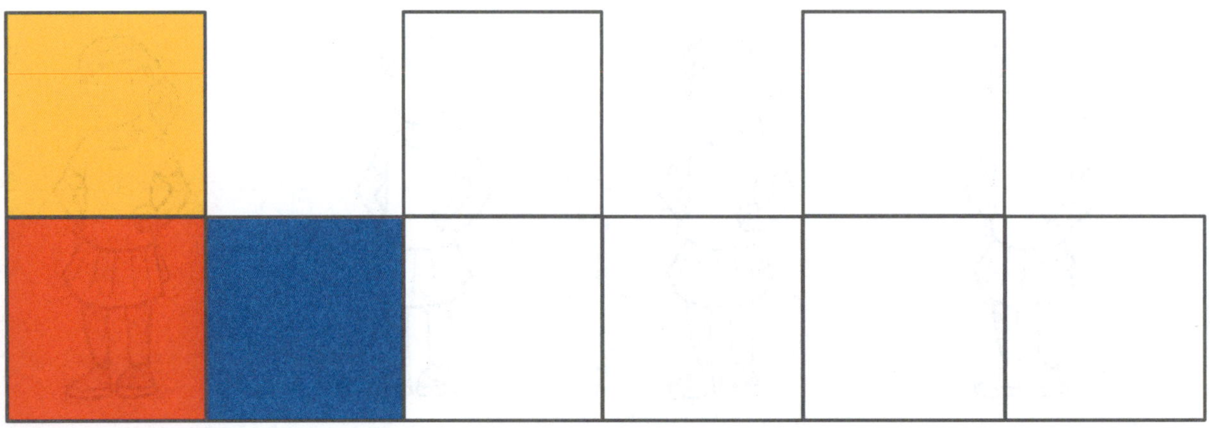

Muster nach Vorgabe fortsetzen

So gut kann ich die Aufgaben: ✓ ?

1

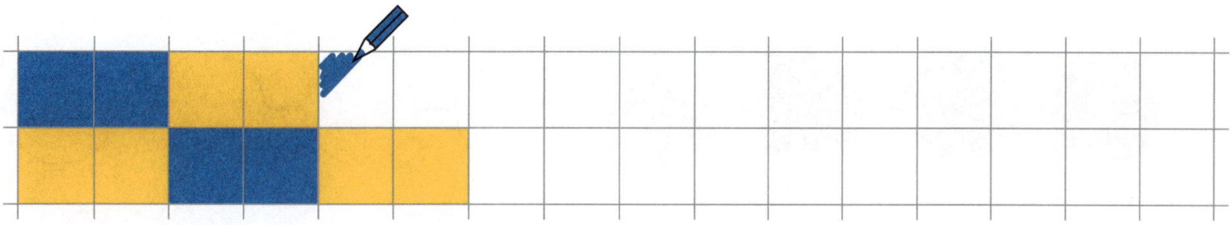

2

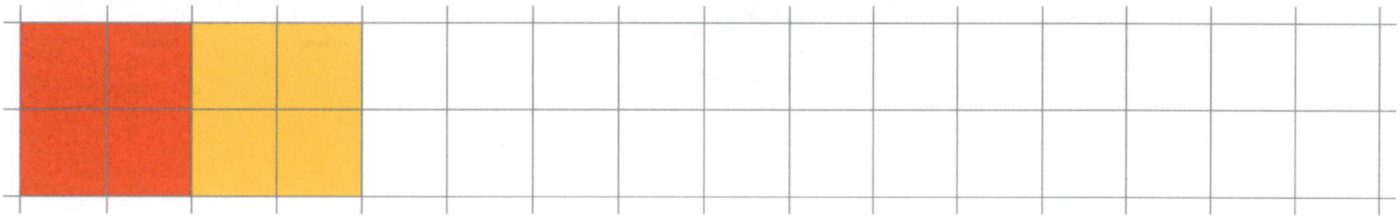

3

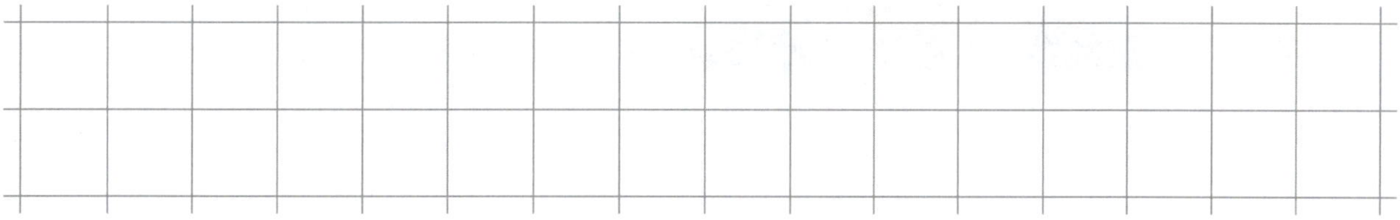

4

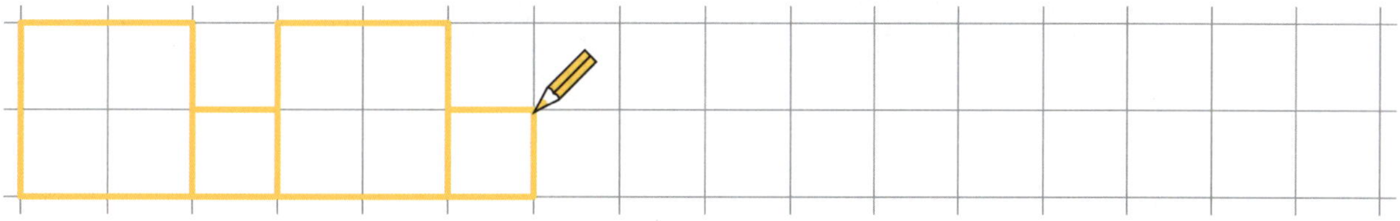

5

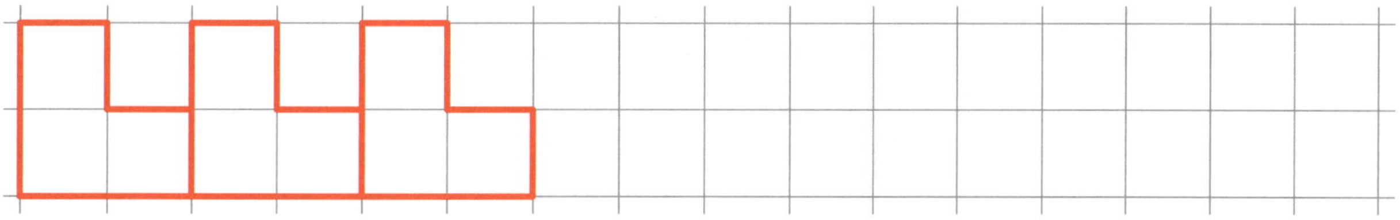

6

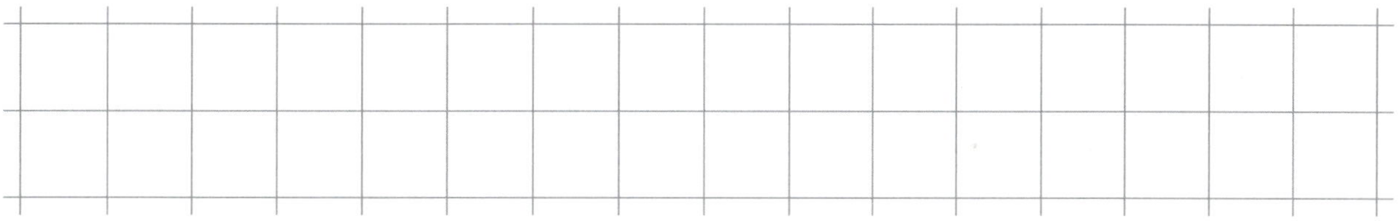

So gut kann ich die Aufgaben: ✓ ?

1, 2, 4, 5 Muster nach Vorgabe fortsetzen 3, 6 eigene Muster erfinden

Reihen

1 

2 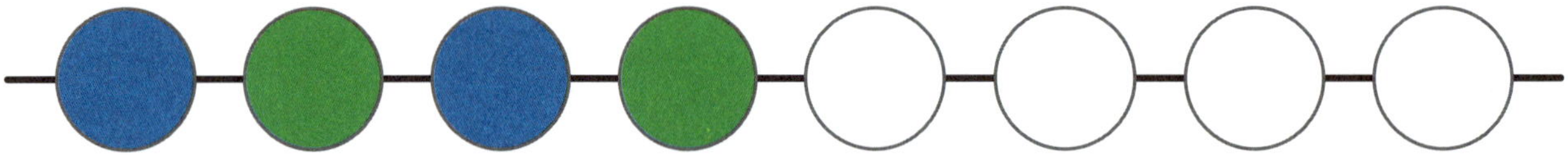

3 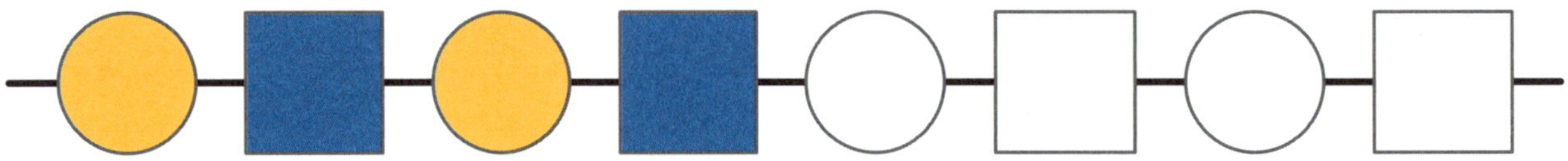

4 

5 

6 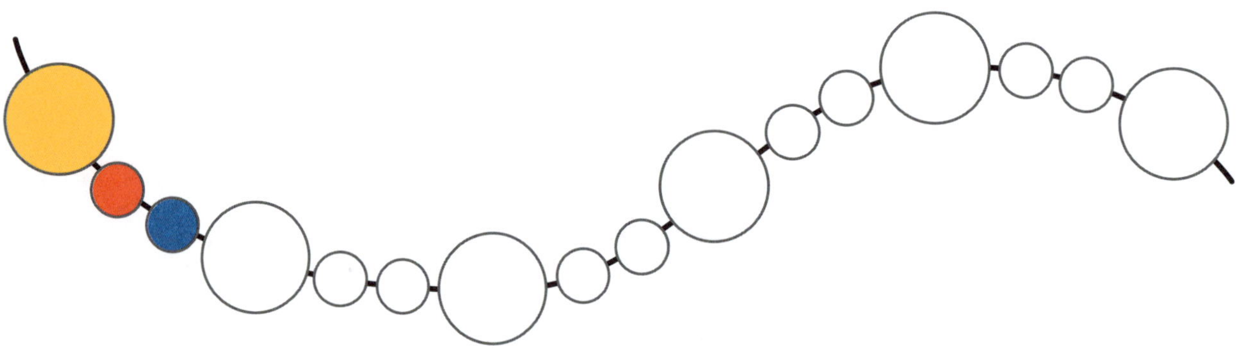

Reihen nach Vorgabe fortsetzen

So gut kann ich die Aufgaben: ✓ ?

Das kann ich jetzt

Geometrische Formen, Muster, Reihen

1

✓ ?

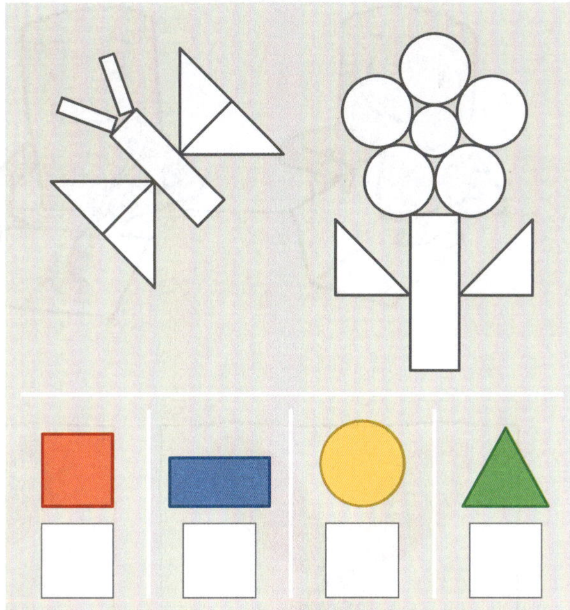

2

✓ ?

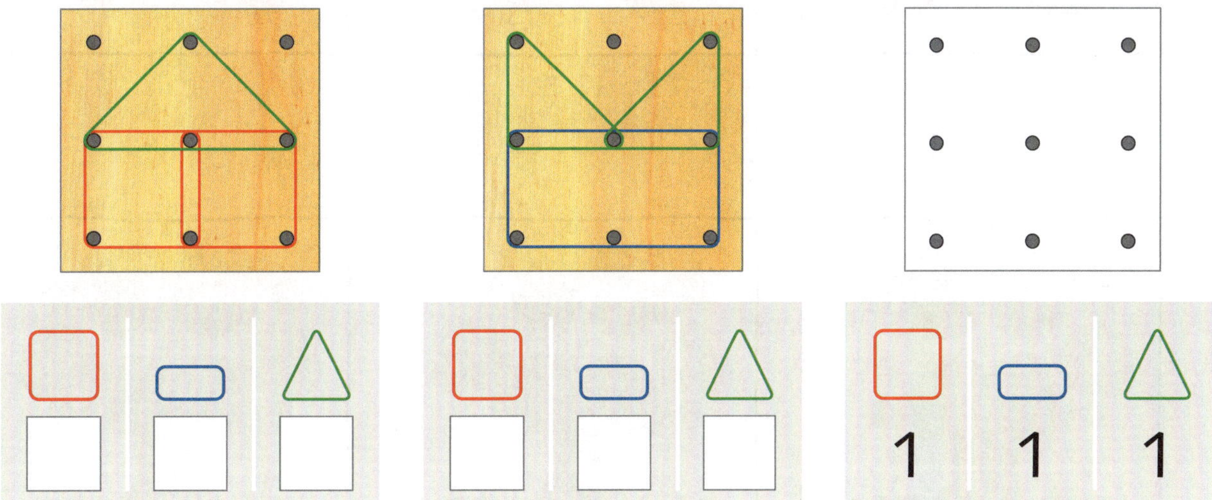

3

✓ ?

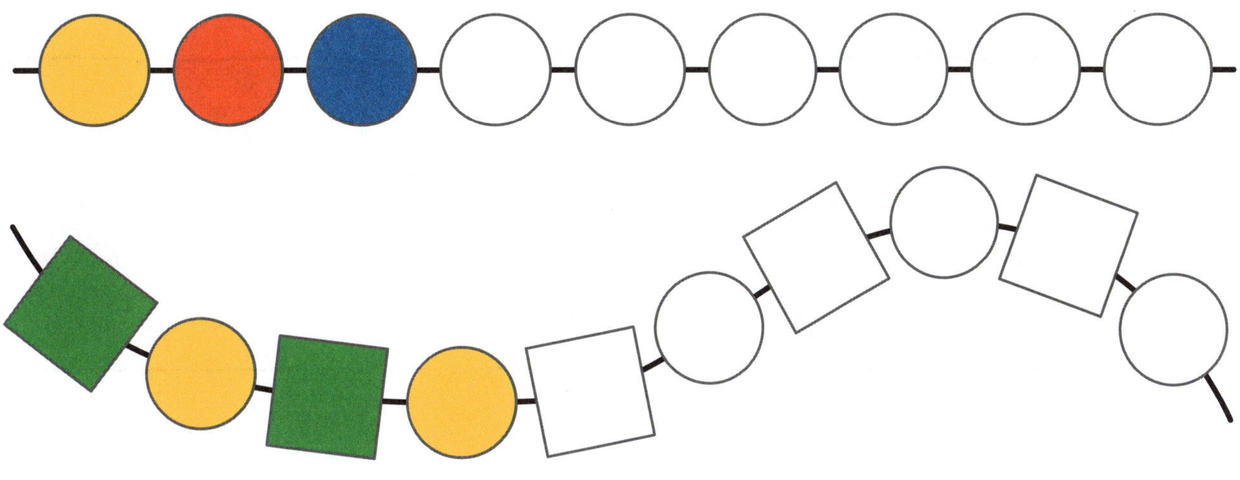

Klecksbilder

1

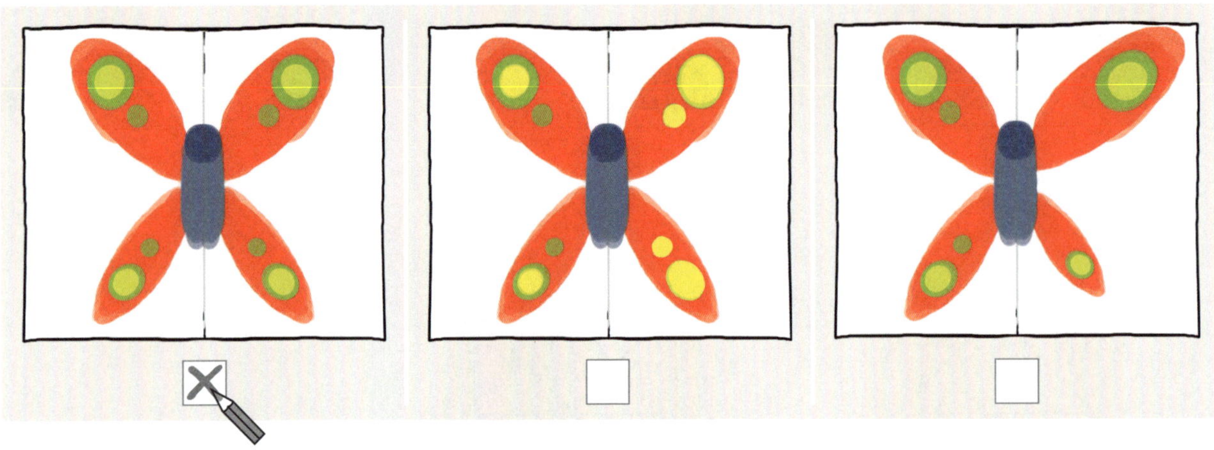

2

3

eigene Klecksbilder herstellen, jeweils das fehlerfreie Klecksbild erkennen und ankreuzen

So gut kann ich die Aufgaben: ✓ ?

Faltschnitte

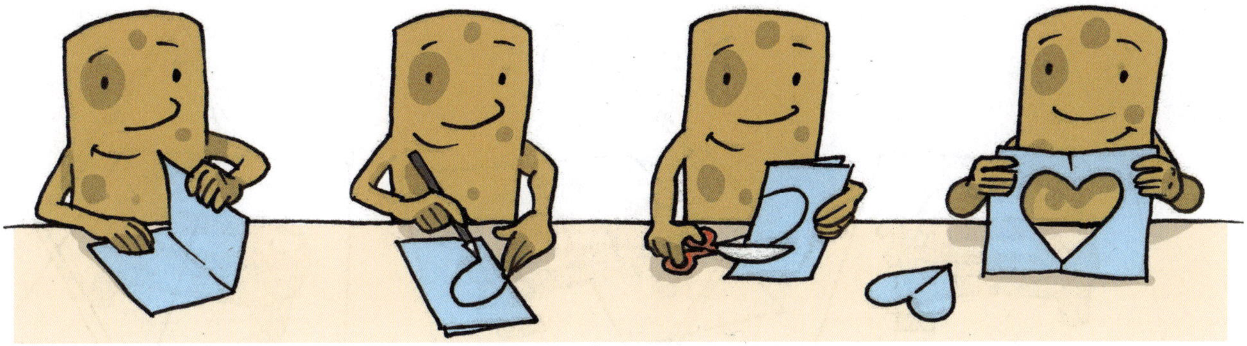

1

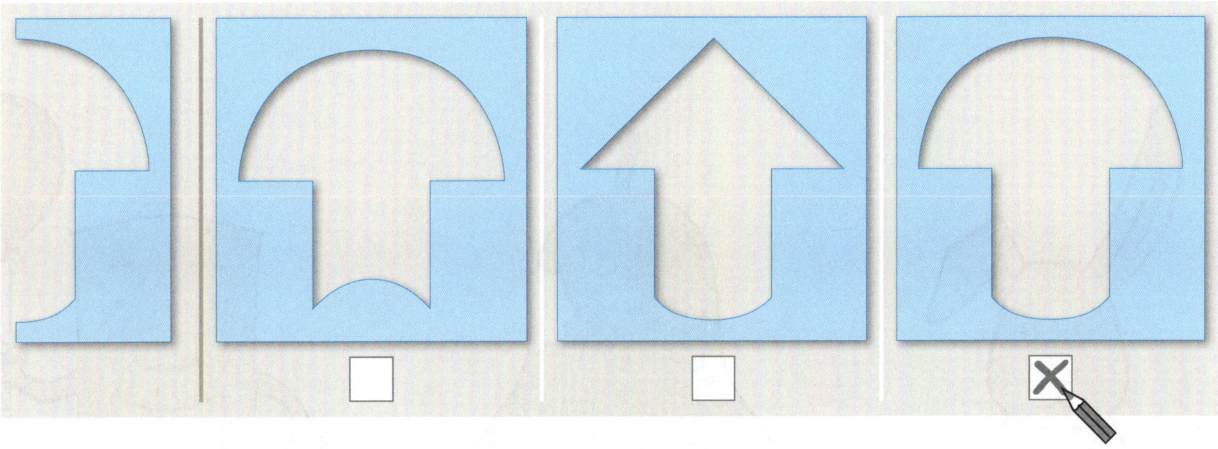

2

3

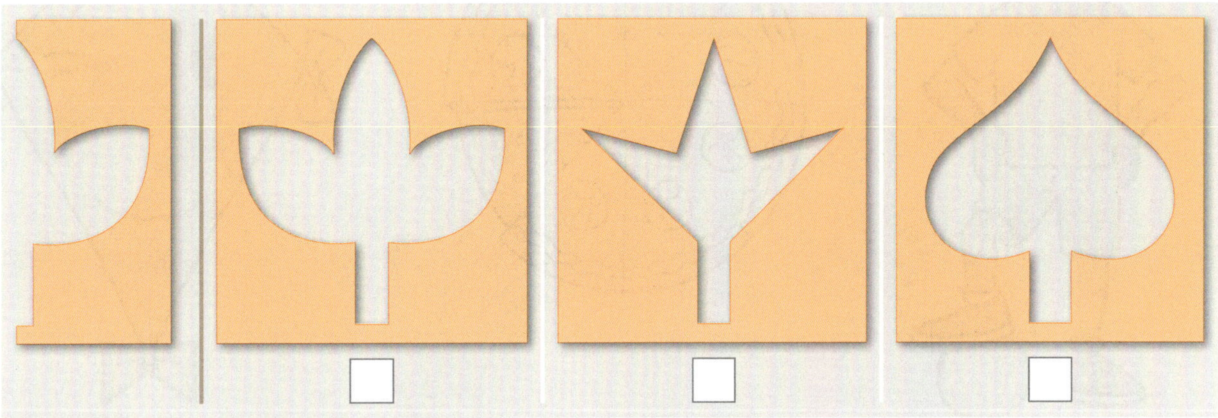

So gut kann ich die Aufgaben: ✓ ?

eigene Faltschnitte herstellen, zum ersten Bild passende Faltschnitte erkennen und ankreuzen

Spiegeln

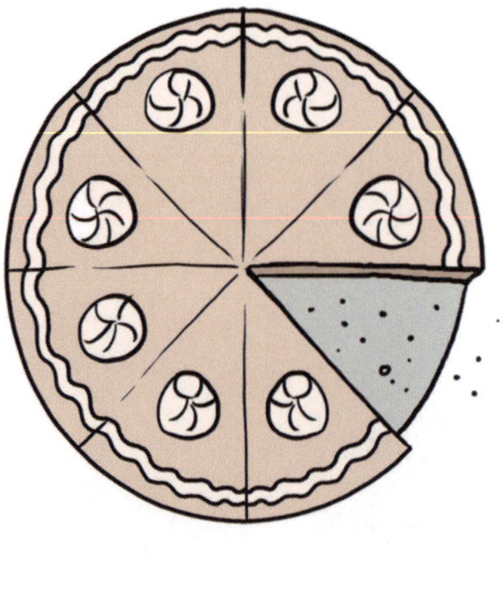

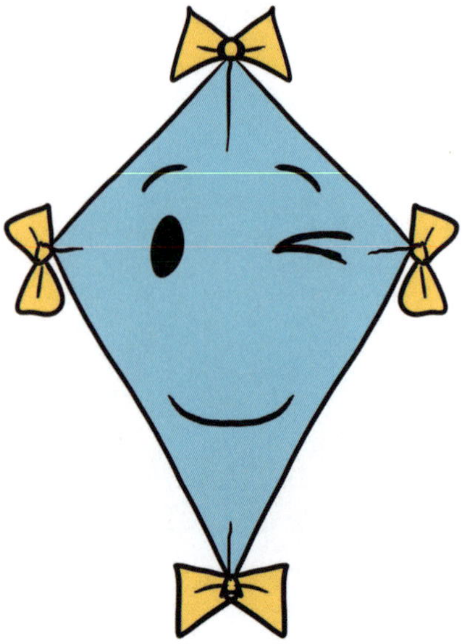

mit dem eigenen Spiegel probieren

So gut kann ich die Aufgaben: ✓ ?

1

2

3

4 ★

So gut kann ich die Aufgaben: ✓ ?

jeweils das Spiegelbild finden

Spiegeln und Symmetrie

mit dem eigenen Spiegel probieren, Symmetrien erkennen und gegebenenfalls Symmetrieachsen einzeichnen

So gut kann ich die Aufgaben: ✓ ?

Symmetrische Figuren

1

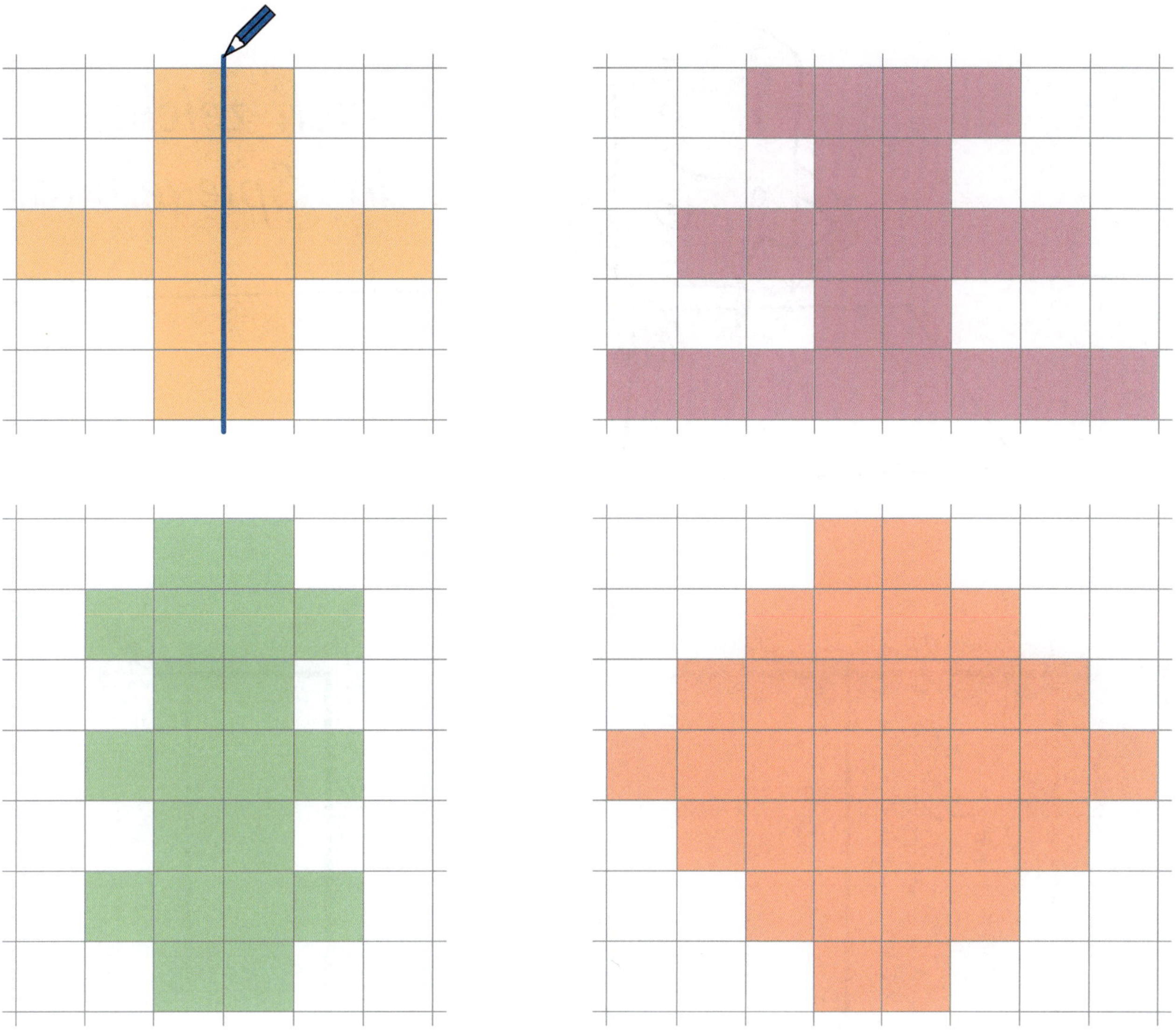

2

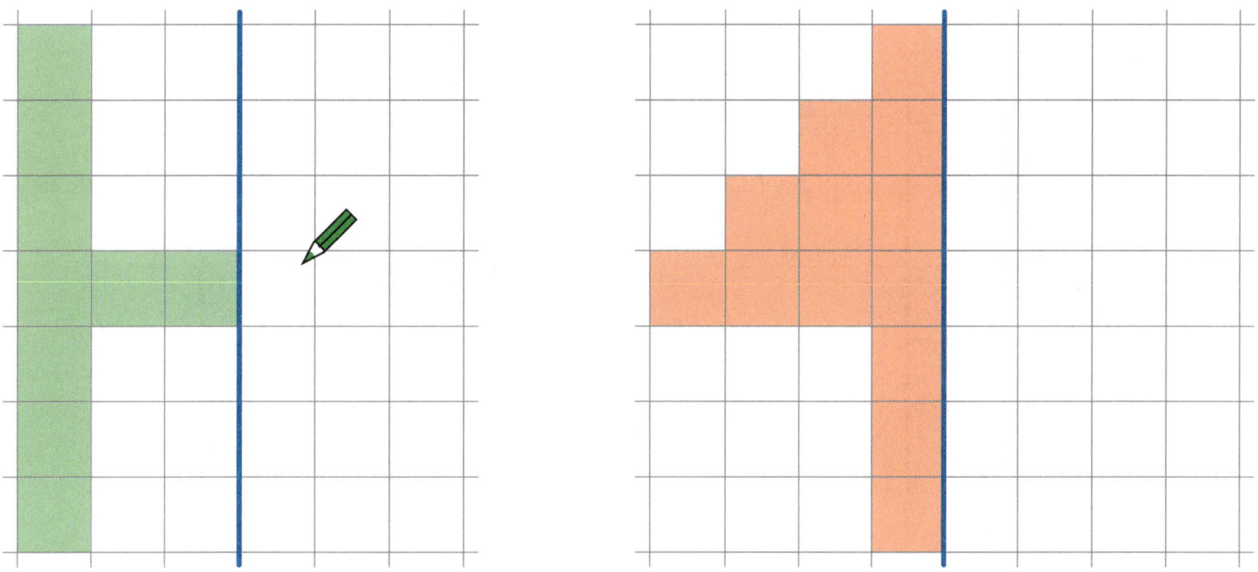

So gut kann ich die Aufgaben: ✓ ?

1 Symmetrieachsen einzeichnen 2 Figuren symmetrisch ergänzen

1

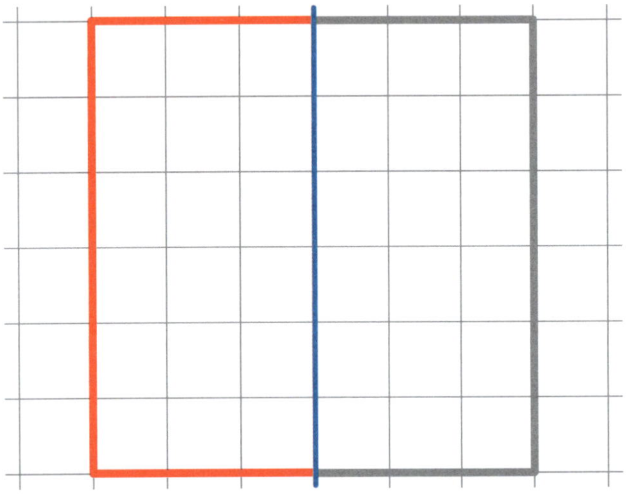

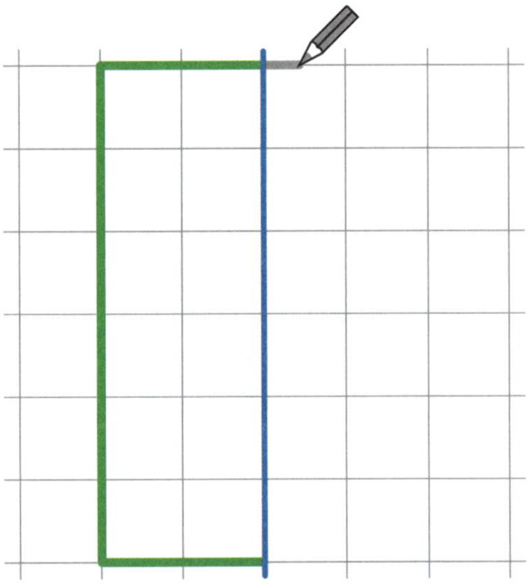

2

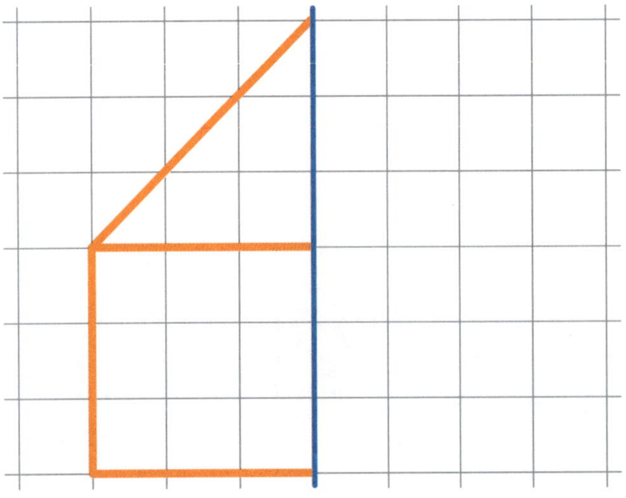

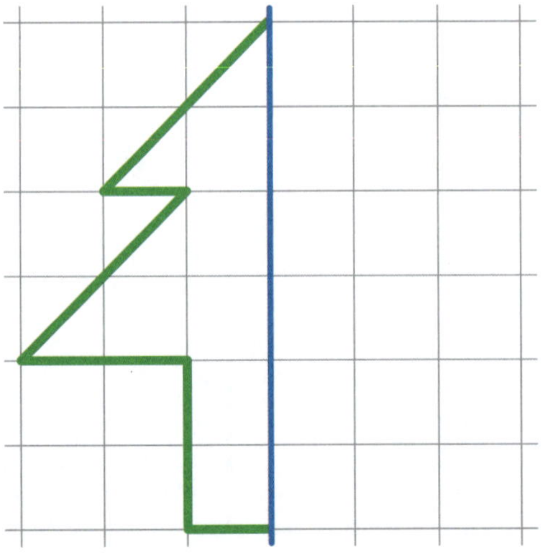

Figuren symmetrisch ergänzen

So gut kann ich die Aufgaben: ✓ ?

1

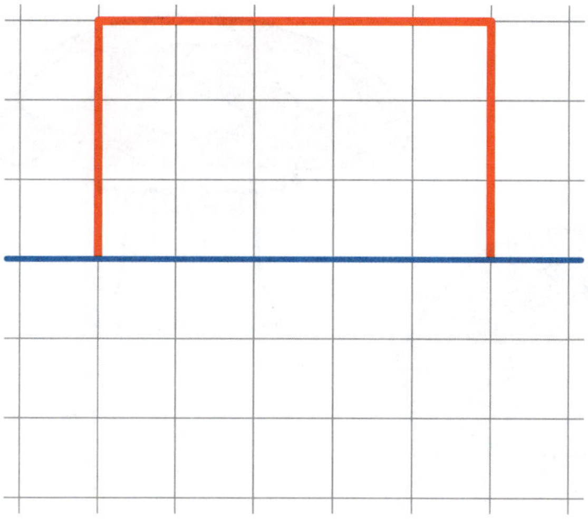

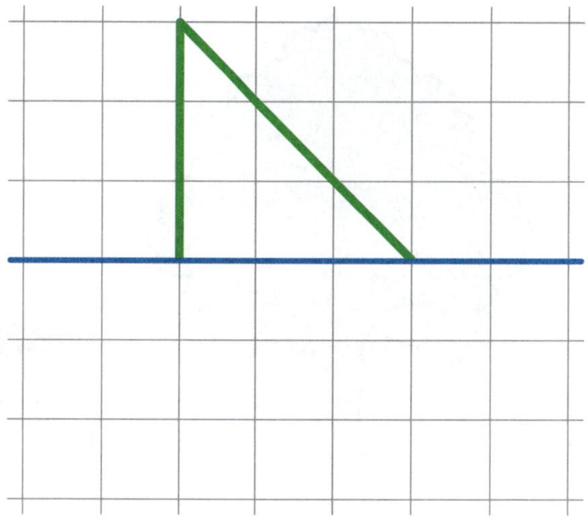

2

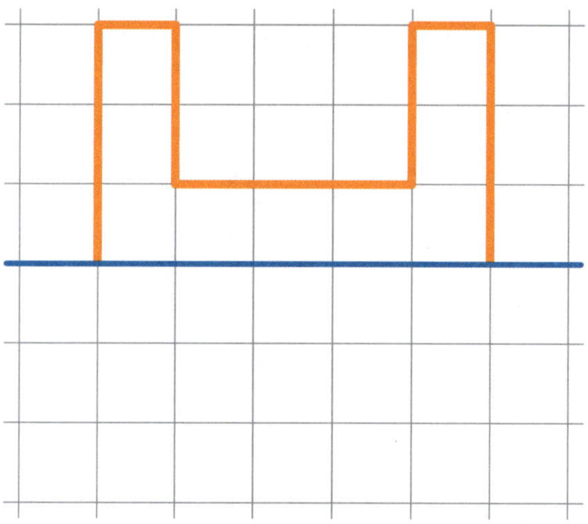

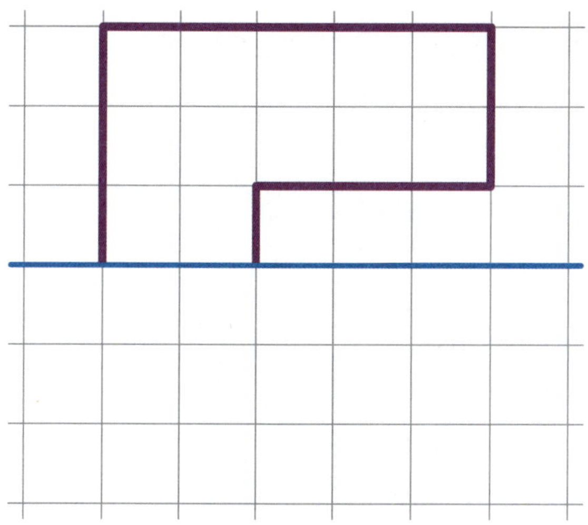

3 ★

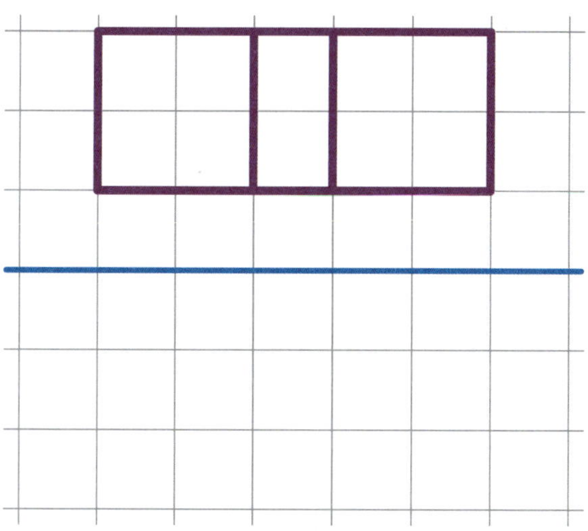

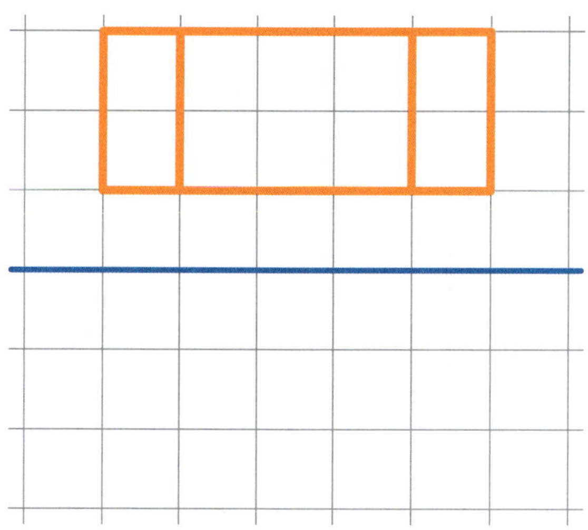

So gut kann ich die Aufgaben: ☐✓ ☐?

1, 2 Figuren symmetrisch ergänzen 3 symmetrische Figuren zeichnen

Das kann ich jetzt

Symmetrie

1

✓ ?

2

✓ ?

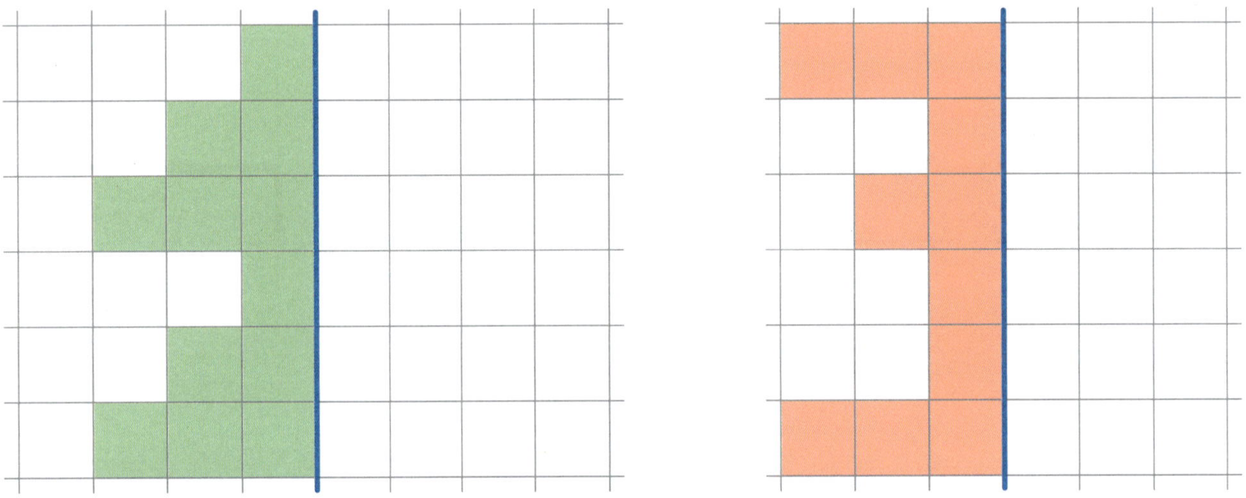

3

✓ ?

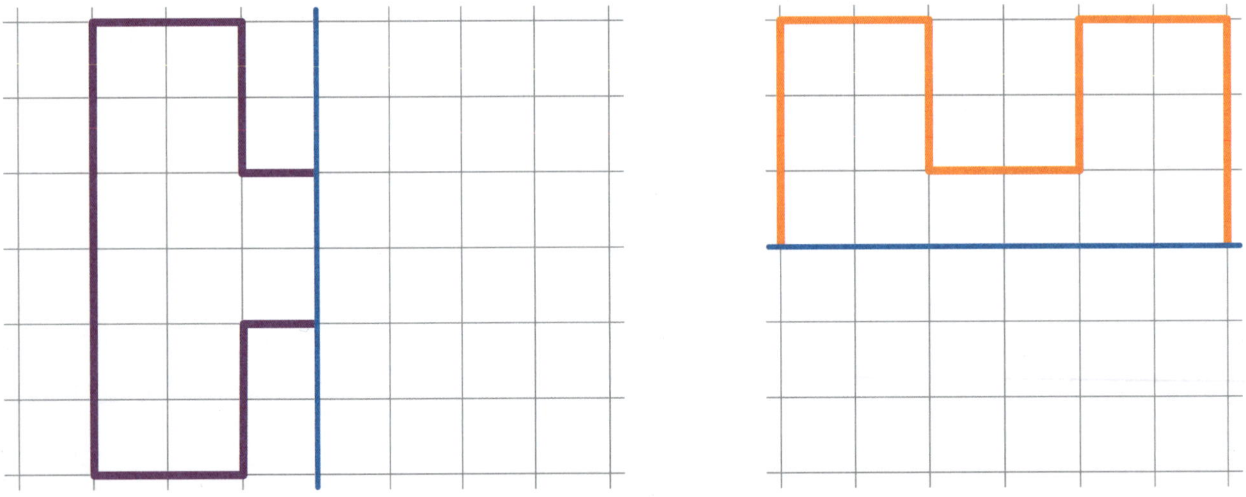